바다를 건넌 물건들 I

바다를 건넌 물건들 I

부경대학교 해역인문학 시민강좌 총서 05

초판 1쇄 발행 2022년 12월 28일

지은이 서광덕 이근우 김영길 이상원 이가연 정한진 양민호 이성규 공미희 엄지

펴낸이 강수걸
편집장 권경옥
편집 신지은 오해은 이소영 이선화 강나래
디자인 권문경 조은비
등록 2005년 2월 7일 제333-3370000251002005000001호
주소 부산시 해운대구 수영강변대로 140 BCC 613호
전화 051-504-7070 | 팩스 051-507-7543
홈페이지 www.sanzinibook.com
전자우편 sanzini@sanzinibook.com
블로그 http://sanzinibook.tistory.com

ISBN 979-11-6861-127-6 04900
ISBN 979-11-6861-126-9 (세트)

* 책값은 뒤표지에 있습니다.
* 이 책은 2017년 대한민국 교육부와 한국연구재단의 지원을 받아 수행된 연구임.
(NRF-2017S1A6A 3A01079869)
* 잘못된 책은 구입하신 곳에서 교환해 드립니다.

부경대학교 인문사회과학연구소
해역인문학 시민강좌 총서 05

바다를 건넌 물건들 I

부경대학교
인문한국플러스사업단 엮음

산지니

책을 펴내며

부경대학교 인문한국플러스(HK+)사업단은 시민강좌총서『바다를 건넌 사람들 1, 2』에 이어 이번에는『바다를 건넌 물건들 1』로 독자들을 찾아간다.

『바다를 건넌 물건들 1』은 크게 2부로 나누어, 총 10편의 글로 구성했다. 1부 '해안가에 도착한 미지의 문화'에 실린 5편의 글에는 지식과 정보를 전하는 책, 세계사에 지대한 역할을 한 은, 바다를 건너 다시 돌아온 조선도예, 일본의 덴포, 유행을 선도한 신문물에 대한 이야기가 펼쳐진다.「책, 지식과 정보를 전하다」에서는 서구 근대 사상과 문화를 담은 책이 대항해시대를 거쳐 기타 상품과 함께 동아시아 지역에도 전파되었고, 이 책의 번역 수용을 통해 동아시아의 근대화가 추동되어 결국은 책이 전 세계적으로 지식의 전파와 수용에 지대한 공헌을 했다는 것을 설명한다.「진정한 세계사는 은으로부터 시작되었다」는 16세기 남아메리카 포토시 광산에서 채굴된 다량의 은이 유럽으로 유입되는 동시에 세계로 확산되어 나갔고 영국의 산업혁명, 스페인의 몰락, 네덜란드의 독립, 아편전쟁, 러일전쟁 등의 세계사는 은의 흐름으로 파악해낼 수 있을 정도로 세계사와 은이 깊이 관련되어 있음을 알려준다. 「조선 도예, 바다를 건너 다시 돌아왔지만」에서는 임진왜란으로 끌려간 조선 도공들이 거친 대한해협을 거쳐 규슈를 중심으로 조선 도예 기술로 융성을 이루었고, 일본의 도자기가 이를 기반으로 대규모 생산 형태를 갖추어 부산 영도에 다시 돌아왔음을 이야기한다. 그러나 일본의 자회사 '조선경질도기주식회사'가 식기 이외에도 군사 목적의 도제수류탄을 생산하는 등 총동원령 체제에 협조하였음을 적시하며 조선 도예의 행보에 주목한다. 「일본의 뎃포 전래」는 16세기 일본에 뎃포를 전한 것이 포르투갈인이라고 하지만 당시 동아시아에서 활동한 왜구의 동향, 특히 대두목 왕직의 활동 지역과 일본과의 관계 등을 통해 왜구가 뎃포 전래의 주인공이었음을 역설하고 이것이 세계사의 흐름을 크게 바꿨을 뿐 아니라 근세에 미친 영향이 지대함을 보여준다. 「바다를 건너온 신문물, 유행을 선도하다」는 일본인의 거주와 상업을 위한 영역과 권력의 공간인 부산 일본 거류지에서 새로운 문화적 변화를 포착한다. 일본식 기모노를 취급하는 오복점과 서양식 맞춤 정장을 취급하는 양복점 등 그 당시 유행을 선도한 물건에 대해서 얘기한다. 이와 같이 1부 5편의 글은 근대 이전 서양에서 동양으로 또는 동양에서 서양으로 바다를 건너서 해안가에 도착한 물건들이 처음에는 미지의 문화로 시작하지만 점점 각자만의 개성 있는 문화로 정착해 가는 모습을 보여준다.

2부는 ‘맛을 찾아 항구를 떠나다’ 편이다. 시기적으로는 근대 이전, 세계의 각 국가들이 이국적인 맛을 내는 물건을 소재로 항구를 떠나고 바다를 건너가는 동서교역의 중요한 품목이었던 물건들의 양상과 특징에 대해서 소개한다.

「이국적인 맛, 동양의 향신료를 찾아서」에서는 고대부터 유럽에서 지대한 관심을 받았던 동양의 향신료에 대해 말한다. 강렬한 맛과 향을 지닌 계피, 후추, 그리고 정향과 육두구처럼 동양에서 오는 향신료는 미각과 후각에 대한 인상적인 자극을 넘어 상징적인 의미가 강했다. 특히 향신료 무역의 역사를 따라가면 동서 교류의 역사가 그대로 드러난다. 한국 요리문화에서 빼놓을 수 없는 「마법의 양념, 고추」는 중남미에서 유럽으로 건너와 다시 동양에 뿌리내렸다. 그로부터 몇백 년이 지난 현재, 동양에서 다시 바다를 건너 서양으로 확산되는 이야기를 들려줌으로써 세계를 고추 홀릭(Holic)에 빠뜨린 매력이 무엇인지를 알려준다. 「‘화이트 골드’ 설탕, 그 이면의 쓰라린 역사」는 새하얗고 달콤한 설탕의 이면을 보여준다. 흑인들이 납치, 강제이주, 감금, 폭행, 죽음을 당하는 동안 백인들은 설탕공예, 민주주의, 커피와 홍차 문화, 산업혁명을 이루어가는 이야기가 펼쳐진다. 「커피향 속에 문화와 세계경제가 들어있다!」는 에티오피아에서 탄생하여 유럽과 미국, 아시아로 건너간 커피가 각국에 정착하는 과정과 특징에 대해서 설명한다. 특히 유럽이나 미국 등의 커피하우스는 그 당시 정치, 문화, 경제에 관한 토론의 장으로서 계몽주의 사상과 혁명이 싹트는 공간이었음을 들려준다. 「차, 향(香)을 타고 세계로 향(向)하다」는 노예 계약문서에서 찾은 차의 기원과 현대의 각 지역에서 차를 지칭하는 이름을 통해 차의 전파와 교류의 역사에 대해서 이야기한다. 색깔로 발효 정도를 알 수 있는 차의 종류와 특성 및 정통다도에서 시작하여 향후 차의 발전과 미래에 대해서 들려준다. 이와 같이 5편의 글은 맛을 찾아 항구를 떠난 물건들이 근대 이전 동서교역의 중요한 품목이었고, 문화교류의 주요수단으로 동서를 막론하고 바다를 건너 전 세계로 뻗어나가 각자만의 문화를 형성해 나갔음을 알려준다.

부경대학교 시민강좌총서 '바다를 건넌 ○○○' 시리즈의 다음 차례는 『바다를 건넌 물건들 2』로서 1권이 시기적으로 근대 이전이었다면 2권은 근대 이후에 바다를 통해 전해진 물건들로 인한 다양한 동서교역 및 문화교류의 양상을 소개할 예정이다. 독자들의 많은 관심과 사랑을 기대한다.

부경대학교 인문한국플러스사업단 단장 손동주

차례

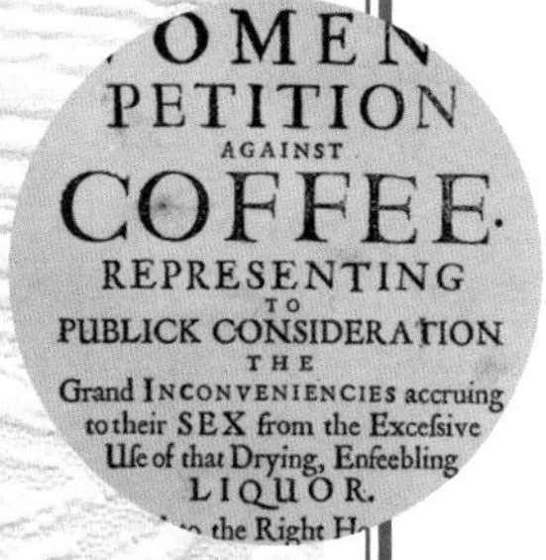

1부

해안가에 도착한 미지의 문화

책, 지식과 정보를 전하다

책은 한자어로 冊이고, 이와 유사한 말로 도서, 서적, 서책 등이 있으며, 영어로는 Book이다. 책은 일반적으로 텍스트(문자)나 이미지(사진, 그림) 등을 인쇄하여 철한 매체를 일컫는다. 또 사람의 사상이나 감정을 글 · 그림 등으로 적거나 인쇄한 여러 낱장을 묶어 만든 것이라고도 한다.

책에 대한 이런 정의에서 우리는 자연스럽게 문자, 그림, 표현, 인쇄, 출판 등의 연관어를 떠올릴 수 있다. 책의 공통된 특징으로 첫째, 의사전달의 수단으로 제작되었다는 점. 둘째, 의미를 전달하기 위해 문자나 그 밖의 시각적인 상징체계(그림이나 음표, 기호 등)를 사용한다는 점. 셋째, 실제로 일반 대중에게 유포되는 출판물인 점을 제시한다. 이렇게 보면 무엇보다 책은 분명하게 제작해

서 유통되는 물건이라고 할 수 있다. 물론 이러한 정의는 역사적으로 상업적 출판과 유통이 가능했던 시대에 생겼을 터이다. 고대에 책은 동서(東西)를 막론하고 아주 귀한 것이었고, 그래서 소수의 사람들만이 전유할 수 있었다. 책을 전유한다는 것은 곧 지식을 독점함을 의미하기 때문에, 그것은 곧 '책=권력'이라고도 할 수 있다.

책의 탄생

인간을 규정하는 용어 가운데 호모 나랜스(Homo narrans)라는 말이 있다. 이것은 '이야기하는 사람'이란 뜻인데, 인간은 본능적으로 이야기를 하고 싶어 하고, 이야기를 통하여 사회를 이해한다는 관점에서 인간을 정의한 말이다. 여기서 파생된 것이 narrative(이야기)일 터이다. 이렇게 보면 인간은 본성적으로 얘기하고 싶어하고, 이는 곧 표현의 욕구를 갖고 있다는 뜻이 되겠다. 표현하려는 인간의 욕망에는 당연히 표현을 들어주거나 봐주는 대상이 있기 마련이다. 이것은 책의 특징이 의사전달의 수단이라고 말할 때, 이 의사전달이 바로 표현이다. 이를 통해 사람 간의 커뮤니케이션이 이루어지고 사회가 형성되는 것이다.

표현의 방식은 다양해서 손짓이나 몸짓의 육체적 동작부터 소리내기나 말하기, 그리고 도구를 사용해 그림을 그리거나 점차 발전하여 문자를 사용하는 형태로 나아가게 된다. 그런데 몸짓이나 소리내기나 말하기는 일회적이고 제한적이기 때문에 장기간 무제한으로 남겨지는 것은 불가능하다. 따라서 사람들은 자신의 생각이나 의사를 이런 일회적인 방식이 아니라 오랫동안 남겨서 전해지기를 바라게 되고, 그것이 바로 기록과 전승이라는 행위를 낳는다. 이 기록과 전승이 곧 책의 탄생을 추동한다. 앞서 책이 그림이나 글로 구성된 묶음이라고 규정했는데, 여기서 그림이나 글이 바로 기록과 전승의 매개체이다. 그렇다면 글은 바로 문자이고, 문자가 발명되지 않았다면 책 역시 탄생되지 못했을 거라고 말할 수 있다. 동아시아 지역에서 아직도 통용되고 있는 한자(漢字), 아주 이른 시기에 발명된 이 글자는 동아시아 지역 책의 역사를 아주 이른 시기로 올려놓았다.

문자와 책

중국의 한자는 잘 알다시피 상형문자에서 비롯되었다. 그 근원을 올라가 고대 전적을 살펴보면, 한자의 원류는 무늬에서 비롯되었다고 한다. 예를 들어, 하도(河圖), 낙서(洛書), 팔괘(八卦) 등의 신성한 그림(무늬)을 한자의 기원으로 삼는다. 따라서 서구 문명이 "태초에 말씀이 있었으니"(성경)라는 데서 비롯되었다면, 중국은 "하늘에 신비한 무늬가 있어 강림"했다고 할 수도 있겠다. 이렇게 보면 중국의 한자는 애초부터 신성한 것이고, 그래서 아무나 사용할 수 있는 것이 아니었던 셈이다. 그래서 현재 남아 있는 갑골문이나 청동문에 새겨진 글자는 바로 왕이나 귀족 등의 당시 권력자와 관계가 깊다. 현재는 많은 사람들이 즐기는 문화가 되어버린 문신(文身) 역시 고대에는 하늘과 소통할 수 있는 권능을 가진 자의 상징으로서 누구나 새길 수 있는 것이 아니었는데, 이 역시 고대 중국의 문자가 지닌 신성함을 보여준다고 할 수 있다. 이러한 예는 도장, 부적 등에서도 확인할 수 있다.

여기서 우리는 자연스럽게 문자나 그림 등이 어디에 표현되었

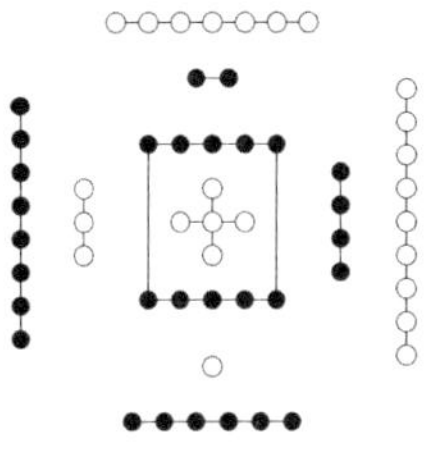

하도

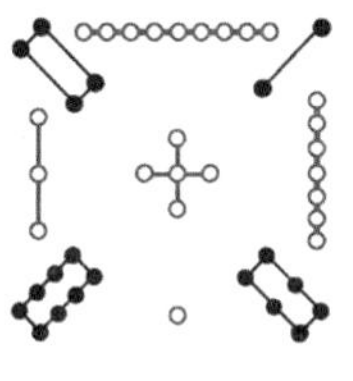

낙서

팔괘

는가 하는 질문을 갖게 된다. 앞서 거북이 등뼈나 소뼈에 새긴 갑골문을 얘기했는데, 이처럼 동물 뼈나 청동기 등에 표현한 것에서부터 흙, 파피루스, 나무조각, 대나무조각, 명주, 양피지 등 다양한 재료를 사용하여 기록을 남겼다. 중국의 '책(冊)'이란 글자 자체가 대나무의 조각을 엮어 만든 책(策)의 모양을 보고 만든 글자라는 데서 알 수 있듯이, 종이가 발명되기 전까지 위와 같은 다양한 필기도구를 사용했다. 따라서 문(문자)은 표현의 도구이며, 책은 이 표현을 담는 그릇이라고 할 수 있다.

파피루스

책의 물질성

앞에서 그림과 글, 특히 글은 아주 오래전부터 발명되었고, 이것은 종이가 나오기 전까지 다양한 필기도구에 표현되었다고 했다.

최근에는 전자책도 나와서 기록을 위한 도구 역시 변했지만, 책의 필기도구로서 종이의 출현은 책의 역사에서 획기적인 사건이라고 할 수 있다. 종이가 책의 중요한 구성요소가 됨으로써 그 뒤의 활자인쇄도 가능하게 되었고, 이후 대중 출판의 시대를 맞이하게 되었기 때문이다. 그리고 드디어 그림과 글을 이용해 기록을 책에 담아 시공간을 넘어서 전달할 수 있게 되었다. 책의 물질성과 휴대성이 종이의 발견으로 한층 강화되었다고 할 수 있겠다.

현재 쓰고 있는 종이는 고대 중국에서 처음 발명되었다. 고대 중국에서는 부피가 큰 간독(簡牘, 竹簡과 木簡)이나 비싼 비단에다가 주로 글(帛書)을 썼는데, 특히 비단을 한두 번 쓰고 버리는 것이 왕실에 너무 큰 재정적 부담이 되자, 당시 왕실 재정을 담당하던 중국 후한(後漢)의 환관 채륜(蔡倫)이 그걸 보다 못해 비단을 대신할 물건을 찾게 되었다. 이에 따라 채륜이 전국에서 수많은 장인들과 기술을 동원해 만들어진 것이 바로 채륜지라는 물건이다. 105년경에 당시 중국에 있던 제지 기술을 개량, 체계화하고 공정 방식을 표준화하여 만든 채륜지를 현대 종이의 직계로 보는 것이 일반적이다.

현재까지 동아시아 지역에서 발굴된 종이 이전의 책인 간독은 중국 40만 매, 일본 20만 매, 한국 600여 매가 있다고 한다. 종이는 3~4세기 진대(晋代) 이후 보편화되어, 책, 편지, 그리고 부적 등에 사용되었다. 하지만 종이가 발견되었다고 해서 목간과 죽간이 무용지물이 된 것은 아니었다. 글쓰기 이외의 용도로 사용해야 할 경우에는 종이가 그 기능을 충분히 흡수하지 못했기 때문이다. 예를 들어, 당시의 행정 문서는 각급의 단계로 내려갈 때마다 내용이 추

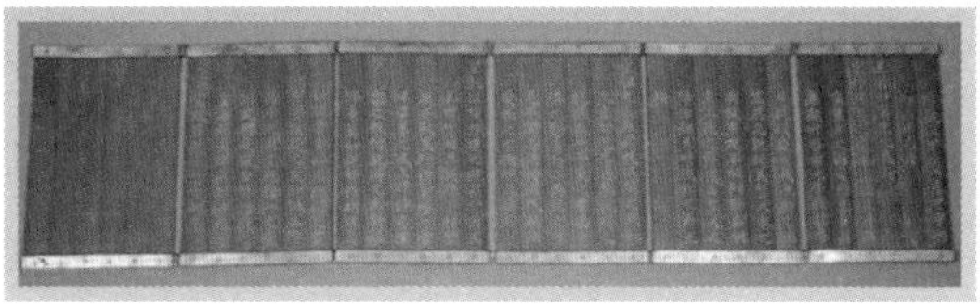

간독

조선시대
효명세자빈 책봉
죽책

가되어야 했는데, 이를 그때그때 파일처럼 묶어 보관하기에는 간독이 편리했다. 또 호적처럼 오랜 시간 동안 일정한 양식으로 사용해온 서사물도 종이라는 새로운 서사 재료로 전환하기 위해서는 좀 더 시간이 필요했다.*

서진(西晉)의 시인 좌사(左思)가 지은 「삼도부(三都賦)」라는 시가 있는데, 사람들의 상찬의 표적이 되면서 그 시를 쓰려는 사람들 때문에 종이 가격이 비등할 정도로 베스트셀러였다고 한다. 그래서 "낙양의 지가를 올리다"라는 고사가 생겼는데, 이 고사는 「삼도부」가 얼마나 높은 인기를 누렸는지를 보여주는 상징적인 표현이다. 하지만 실제로 종이가 인플레이션 상태였는지는 실증할 길이 없고, 또 거기서 말하는 '지(紙)'가 오늘날의 종이(paper)인지, 「채륜전」에도 보이는 "얇은 조각의 서사 재료"라는 의미의 '지'인지도 분명하지 않다. 더구나 좌사가 활약했던 4세기 초에 서사 재료가 종이였다고 단정하는 것은 상당히 지나치다고 말하지 않을 수 없다.

채륜에 의해 발명된 종이는 593년에 우리나라에 전래되고, 610년에는 일본에 전래되었다. 751년에 중국의 종이 만드는 법이 이슬람 국가에 전해지고, 1050년에 유럽에 전해져서 1150년 스페인에 제지공장이 설치되었으며, 14~15세기에는 전 유럽에 보급되었다. 105년에 발명된 종이의 천년 여행이 이렇게 전개된 것이다.

---

* 도미야 이타루, 임병덕 역, 『목간과 죽간으로 본 중국 고대 문화사』, 사계절, 2005, 228~231쪽.

필사본과 인쇄본

그런데 종이가 나온 뒤 책은 필사본과 인쇄본으로 나누어진다. 말 그대로 필사본은 직접 손으로 쓴 것이라고 한다면, 인쇄본은 활자를 통해 찍는 것을 말한다.

중국의 고대 전적은 이미 삼국시대에 한반도에 전해졌는데, 일찍부터 종이에 의한 필사본이 출현하였다. 고조선에는 『신지비사(神誌秘詞)』라는 책과 문학작품 〈공후인(箜篌引)〉 등이 있었다. 고구려에서는 『유기(留記)』와 『신집(新集)』(600년)이 편찬되고, 『고구려고기(高句麗古記)』와 같은 역사서와 『오경(五經)』, 『한서(漢書)』, 『사기(史記)』, 『삼국지(三國志)』, 『문선(文選)』, 『자통(字統)』, 『옥편(玉篇)』 등의 교육도서가 있었다. 백제에서는 『서기(書記)』(346년~375년경)가 편찬되고, 『백제본기(百濟本記)』, 『백제신찬(百濟新撰)』, 『백제왕본계(百濟王本系)』, 『백제지리지(百濟地理誌)』 등이 있었다. 신라에서는 『국사(國史)』(545년)가 편찬되고, 『신라고전(新羅古傳)』, 『신라고기(新羅古記)』, 『신라별기(新羅別記)』 등이 있었다. 이러한 책은 모두 중국의 책을 손으로 베끼거나 삼국시대에 직접 쓴 저술들이다. 이렇게 보면 아주 오래전부터 동아시아 지역에서는 책의 유통이 이루어졌음을 알 수 있다.

중국에서는 채윤이 종이 만드는 법을 개량하여 종이 두루마리 책에서 접는 책과 묶는 책으로 발달했으며, 700년부터 목판으로 인쇄했다. 여기서 인쇄가 시작되었다는 것은 책의 대중화를 반영한다. 인쇄의 목적은 텍스트의 다량 복제이기 때문이다. 즉 인쇄에 대한 사회적 필요가 발생했고, 인쇄 기술과 이를 담당할 장인이 등장하였다. 인쇄는 목판 또는 활자로 나누어지고, 이를 거쳐 책이 생산된다. 특히 목판인쇄술은 나무판에 글씨나 그림을 새기고 그 위에 먹물을 바른 후 종이를 찍어 쉽게 책을 만들 수 있는 기술이다. 하나의 판에 몇 장이고 종이를 찍어낼 수 있기 때문에 빠른 시간에 많은 책을 만들 수 있고, 그 결과 많은 사람들이 책을 읽을 수 있다.

그런데 목판은 쉽게 뒤틀어지고, 갈라지고, 쪼개졌으며, 글자 하나를 잘못 새기면 다시 한 판을 만들어내야 했다. 금속활자는 이러한 목판인쇄의 문제점을 보완했다. 금속으로 만들어졌기 때문에 보관도 영구적이었고, 한 글자씩 금속활자 본을 만들어 그것을 조합하여 문장을 만들 수 있었다. 따라서 목판인쇄처럼 굳이 한 판을 다 만들어내지 않아도 되었다. 이리하여 금속활자가 만들어진 후 목판인쇄보다 더 많은 책을 인쇄할 수 있었다. 만들어지는 책의 종류도 늘고 다양해졌으며, 그 가격도 그 전에 비해 훨씬 내

목판인쇄로 찍은 팔만대장경

려갔다. 사람들이 어렵지 않게 책을 구해 읽을 수 있었기에 지식은 엄청난 속도로 공유됐다. 남녀노소, 신분에 관계없이 책을 읽게 됐고, 세상을 보는 눈도 달라지기 시작했다. 금속활자의 발명과 발달은 지식의 확대를 가져오는 큰 계기가 되었다.

그렇지만 활자인쇄가 보편화되고 난 이후에도 목판인쇄는 사라지지 않고 꾸준히 계속되었는데, 그것은 특히 중국에서 더욱 그러했다. 프랑스의 역사가 로제 샤르티에는 동아시아의 목판인쇄 우위에 대해 첫째는 한자라는 표기문자 상의 난점, 둘째는 서예의 특징을 살리는 데 있어서의 목판의 장점, 셋째는 다량 인쇄에 적합한 목판의 장점을 들었다. 동아시아에서는 이런 역할을 시종일관 목판이 담당해왔던 것이다. 활자는 단기적으로 여러 종의 책을 소규모로 찍어낼 필요가 있을 때만 사용되었다.

1455년 독일에서 구텐베르크(J. Gutenberg)가 납활자를 쓰는 활판인쇄술을 발명하여 오늘날과 같은 책이 만들어졌고, 한국에서는 이보다 221년이나 앞선 1234년(고려 고종 21년)에 세계 최초의 금속활자를 발명하여『고금상정예문』을 인쇄하였다. 하지만 유럽에서 구텐베르크가 주목받는 건 금속활자를 만들었다는 것보다, 앞서 말한 것처럼, 이를 통해 소수 성직자와 귀족들의 손에 장악되어 있던 성경을 비롯한 고대의 텍스트들을 다량 생산하여 시민들의 품으로 해방시켰기 때문이다. 이를 반대로 생각해보면 로제 샤르티에가 강조한 동아시아의 목판인쇄 우위는 결국 지식의 해방과 보급이 제한적이었음을 말한다고 할 수 있다.

이는 고려나 조선 정부의 주도적인 도서 수용과 보급이 주로 경학(經學)에 치중되어 있었다는 점에서도 볼 수 있다. 경학은 중국을 비롯해 고대 동아시아 왕조의 통치 이데올로기나 지배계층의 교양으로 간주되어왔기 때문이다. 따라서 경학과 관련된 책이 목판인쇄를 통해 많이 유통되었다는 것은 지배계급뿐만 아니라 일반 서민들에까지 보급되었다고 할 수 있고, 이것은 지배 이데올로기의 확대라고 할 수 있다. 게다가 목판인쇄가 계속 유지되면서 활용되었다는 것은 바로 경학 텍스트가 그대로 전승되는 것이기 때문에 새로운 내용이 첨가되거나 해석이 바뀌는 것이 아니었다고 풀이할 수 있다.

근대 이전 책의 유통

고려나 조선의 책 수용 방식 역시 사신(使臣)을 통한 중국 조정의 증여나 구입이 대체적이었다. 특히 17세기 이후 동아시아 공간에서 지식 · 정보의 생성과 유통은 사행(使行)을 통해 이루어졌다. 사행은 이(異)문화가 교통(交通)하고, 인적 교류가 이루어지는 문화장(文化場)이다. 조선조와 청조, 조선조와 에도 막부 사이의 사행 시스템은 동아시아 공간에서의 문화교류에 촉매제 역할을 하였다. 그리고 동아시아 지역 내 인적 네트워크 역시 책의 유통에 기여했다. 예컨대 청조 인사들과의 인적 네트워크는 홍대용(洪大容)과 '연암(燕巖)그룹'으로 일컬어지는 박제가(朴齊家, 1750~1805), 이덕무(李德懋, 1741~1793), 유득공(柳得恭, 1749~1807), 이가경(李喜經, 1745~?) 등을 주목할 수 있으며, 사제간(師弟間)인 추사(秋史) 김정희(金正喜)와 역관(譯官) 이상적(李尙迪, 1804~1865) 등을

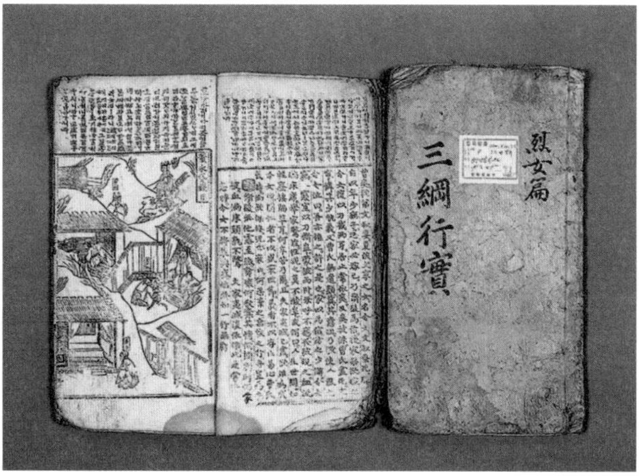

조선시대의 『삼강행실도』.
편마다 그림을 넣어 알기 쉽도록 하였다.

들 수 있다. 그 밖에 19세기에는 풍양 조씨의 후원을 받은 조수삼(趙秀三, 1762~1849)이 있고, 사대부 문인과 교유한 박사호(朴思浩, 1784~1854) 등도 국내외 인사들과 관계망을 형성하였다

그런데 점차 서적은 상품으로서 만들어져 유통되기 시작한다. 보부상이나 상인들에 의해 유통되면서 경전이나 역사서가 아닌 대중서적(소설, 만화, 그림책 등)의 제작과 유통이 전개된다. 이는 명청시대와 조선 중기의 대표적인 문학 장르로서 소설이 등장하고, 소설은 당시 널리 형성된 출판시장에서 유통 보급되었다. 그리고 18세기 중국에는 도서 판매와 유통을 담당하는 서반(序班)과 서적 판매시장이라고 할 수 있는 유리창(琉璃廠)이 있었다. 서반의 상행위는 조선 사신들에게 부정적으로 비쳤지만, 금서를 거래하는 데 서반은 중요한 역할을 했다. 또 조선 사신들이 원하는 책을 구입

사대기서

하는 데 서반과 유리창 서점의 존재는 아주 중요한 역할을 했다. 그리고 서반들의 출신이 출판문화의 본거지인 강남(江南)이라는 점은 주목할 만한데, 이들은 대운하를 이용해 강남에서 북경(北京)으로 책을 실어 왔다. 이때 주로 책을 실어날랐던 서선(書船)이라는 배를 사용했다고 한다. 조선에서는 민간이 영리를 목적으로 간행한 방각본이 대개 17세기에 출현하여, 서울을 비롯하여 태인·전주·안성·대구 등 지방에서도 간행되었다. 또 정부가 민간에게 서점을 권장하기도 했으나 크게 성공하지는 못하였다.

이와 같이 근대 이전에는, 경학과 역사서 등의 제작과 유통은 관에 의해 주도되었고, 민간에서는 방각본을 만들어 유통시켰다. 이처럼 민간에서는 상업적 출판이 시도되었는데, 이것은 시장의 형성과 상업이 활성화되면서 책 역시 하나의 상품으로서 인식되기 시작했기 때문이다. 여기서 유통된 책은 주로 대중들이 좋아할 만한 소재나 재미있는 얘기를 담은 것이었다. 대표적인 것이 소설이다. 문학사에서 명청시대와 조선 중후기를 대표하는 장르가 소설이었던 데는 이런 이유가 있었던 것이다. 그리고 이런 책을 팔러 다니는 상인들이 있어 책은 전국으로 확대, 보급되었다.

근대 상품으로서의 책과 유통

출판은 기획에 의해 저작물을 선정해서, 창의적인 편집으로 정리 · 배열하고, 가독성이 높은 형태로 전환하여, 인쇄술 또는 기타 기계적 · 화학적 · 전자적인 방법으로 어떤 재료로나 다수 복제하여 각종 출판물로 제작하고, 이를 독자에게 공표 · 배포하는 것을 말한다. 또한 이를 통하여 지식과 정보를 전파 · 향유 · 교류하게 하며, 그 대가로 이윤을 추구하기도 하는 문화적 · 사회적 행위와 거기에서 발생하는 문화현상 · 사회현상을 의미하기도 한다.

출판 또는 출판물을 의미하는 영어 퍼블리케이션(publication)의 어원은 라틴어 푸블리카투스(publicatus)이며, 출판한다는 뜻을 가진 퍼블리시(publish)의 어원은 '공중(公衆)'을 뜻하는 라틴어 푸블리쿰(publicum)이다. 어원적으로 보더라도 출판은 원래 대중을 대상으로 한다는 것을 알 수 있다. 출판을 계속해서 영리적으로 운영하는 사업이 출판업이다. 출판업의 경영 책임자를 출판인 · 출판자 · 발행인 · 발행자라고 하고, 그 출판업체를 출판사 · 발행소라고 한다. 출판물의 수요가 증대하여 상품성을 띠게 됨으로써 이 수요를 충족시키기 위한 출판업이 성립되었던 것이다. 그 역사는 나라에 따라 다르다. 인쇄 이전의 시대에는 필사본을 생산, 판매, 중개하는 서점이 발생했으며, 중세 이후에는 중국 · 한국 등지에서 인쇄술이 발달하고, 유럽에서 독일의 구텐베르크가 근대 활판인쇄술을 발명함으로써 출판 활동이 성행하였다.

이후 출판은 사회의 근대화 과정에서 대중사회의 출현에 의해, 불특정 다수의 독자에게 대량 생산과 대량 판매를 실시하여 근대 출판으로 발전하게 되었다. 영국에서는 출판자(publisher)라고 하는 용어가 18세기에 정착되었는데, 그때까지는 일반적으로 서점(bookseller 또는 stationer)이라는 말이 사용되었다. 유럽에서는 처음에 인쇄업과 도서 판매를 겸한 출판사가 출현했는데, 이 두 업종은 16세기에 분화했으며, 출판업과 도서 소매업은 19세기 이후에 분리되었다. 동아시아에서도 19세기 말~20세기 초의 개화기에는 인쇄소와 출판사, 출판사와 서점 등의 겸업 형태가 성행하였다. 이후 출판업 · 인쇄업 · 도서 도매업 · 소매서점 등 일련의 업종이 어느 정도 명확하게 구분되어 왔으나, 최근에는 컴퓨터의 출현과 활용으로 다시 복합화하는 경향이 나타나기도 한다.

근대 이후 동아시아에서는 외국 서적이 대량 유입 및 유통되면서 근대적인 서점과 지점망이 형성되었고, 출판업과 서점이 겸업하게 되었다. 아울러 수입한 외국 서적의 번역과 동아시아 역내 유통이 활발해져 서구 근대의 지식이 거의 동시적으로 수용되었다. 예를 들어, 『만국공법(萬國公法)』, 『천연론(天演論)』과 같은 이론서와 쥘 베른의 소설 등이 중국과 일본 등을 경유해 조선으로 들어왔다. 그리고 위원(魏源)의 『해국도지(海國圖志)』와 같은 당시 유럽 세계에 대한 지식과 정보를 담은 책도 동아시아 지역의 지식인들에게 읽혀서 세계에 대한 인식을 제고시켰고, 동시에 각 국가의 부국강병(富國强兵)을 위한 노력을 경주하게 했다.

만국공법

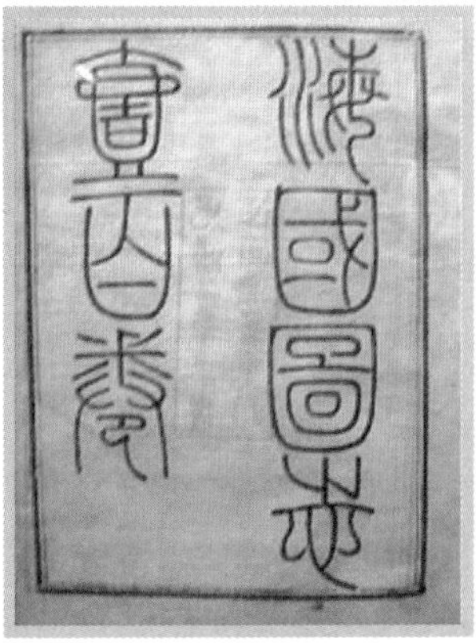

천연론(좌),
해국도지(우)

해저2만리(좌), 줄 베른(우)

1930년대 루쉰과 우치야마 간조

사실 동아시아에서 서양 서적의 수용은 선교사들의 노력이 컸다. 이들은 복음을 전하기 위해 성경과 교리서 등을 동아시아인들에게 소개하고 보급해야 했기 때문에 인쇄기기를 동아시아에 들여와 자체적으로 이런 책을 제작했다. 그리고 자연스럽게 성경과 교리서 등은 현지어로 번역을 했고, 이 과정에 현지 교인들의 도움을 받았다. 그런데 선교사들은 이런 종교 관련 책만을 제작한 것이 아니라, 철학, 역사, 문학 등 다양한 서양 서적을 소개하고 또 신문이나 잡지를 발간하여 배포하였다. 『만국공법』 역시 이런 선교사에 의해 중국어로 번역·출간된 것이다.

근대 이후 서양 서적이 동아시아에 다양하게 대량으로 수입되었는데, 이 과정에서 동아시아의 출판네트워크가 작동했고, 일본은 중국과 조선에 서점(출판사) 직영점을 운영하였다. 예를 들어, 상하이에 있었던 우치야마(內山)서점은 중국의 근대문학가 루쉰(魯迅)과의 인연으로 유명한 곳인데, 원래 상하이 현지 일본인을 대상으로 한 서점이었지만, 근대 문물을 받아들이는 창구로서 중국 지식인들에게도 잘 알려진 곳이었다. 작가이지만 중국의 고서적을 새로 제작하는 데도 공을 들였던 루쉰은 우치야마서점의 사장인 우치야마 간조(內山完造)에게 출판에 필요한 종이뿐만 아니라 일본에 있던 고서적 판본 구입을 요청하기도 했다.

지식의 전파와 수용

서점의 책 분류를 보면 대중서에서 전문서에 이르기까지 다양하다. 앞에서 보았듯이 책을 구성하는 재료에 따라서 이것의 보급과 유통 역시 제한적이었고, 여기에 담긴 지식과 정보 역시 특정 계층이 독점하였다. 하지만 원래 책은 인간의 표현 욕구에서 출발했고, 그 과정에서 만들어져 다른 사람들에게 전달되고 공유됨으로써 인간의 역사를 발전시키는 데 큰 역할을 했다. 활자의 발명과 근대적 인쇄, 출판업의 등장은 지식의 대중화를 유도했고, 이는 르네상스와 시민혁명 등으로 현상했다.

서구 근대 사상과 문화를 담은 책은 대항해시대를 거쳐 기타 상품과 함께 동아시아 지역에도 전파되었고, 이 책의 번역 수용을 통해 동아시아의 근대화 역시 추동되었다. 이렇게 보면 책은 전 세계적으로 지식의 전파와 수용에 지대한 공헌을 했다고 볼 수 있다.

그래서 요즘 책을 읽는 독자가 자꾸 줄어들고 있는 것이 출판업의 불황으로 나타날지는 모르겠지만, 책이 사라지지는 않을 듯하다. 책의 요건은 가독성 · 휴대성 · 전달성 · 보존성 · 경제성 등이라고 한다. 책은 문화 내용의 전달성과 보존성을 지니고 있는데, 옛날에 점토판을 사용한 것은 보존성에 중점을 둔 형태이며, 파피루스를 사용한 것은 전달성에 중점을 둔 형태이다. 종이책은 보존성보다 전달성이 더 강조되어 있다. 오늘날의 전자책은 보존성과 전달성이 모두 우수하나 아직 가독성은 부족한 것이 현실이다. 다양한 형태의 책이 있었고, 또 전자책과 같은 새로운 형태의 책이 유행하고 있지만, 시공간을 초월해서 여전히 사람의 무늬(人文)와 지식을 담은 책은 계속 만들어지고 유통될 것이다. (서광덕)

진정한 세계사는 은으로부터 시작되었다

16세기 남아메리카 포토시 광산에서 채굴된 다량의 은이 유럽으로 유입되는 동시에 세계로 확산되어 나갔다. 이때 지구를 하나의 단위로 하는 세계사가 비로소 출현하였다. 근대 세계는 이러한 글로벌리제이션의 결과물이었다. 결국 세계사는 은의 흐름으로 파악해낼 수 있는 셈이다. 영국의 방직공업, 산업혁명, 세계패권, 노예 플랜테이션, 스페인의 몰락, 네덜란드의 독립, 근대자본주의의 탄생, 커피와 차의 유행, 중국의 아편전쟁, 러일전쟁 등은 모두 은과 깊이 관련되어 있다.

은의 발견

은은 금과 더불어 대표적인 귀금속으로서 직접 화폐로 만들기도 하고, 장식품, 생활용품, 공업원료로 사용되어온 대단히 중요한 금속이었다. 그리스와 로마에서도 드라크마라고 부르는 은화가 주조되었다. 15세기 말에서 16세기 전반까지 서양에서 은 생산의 중심지는 남부 독일이었다. 그런데 16세기 중엽부터 스페인령 남미 대륙의 포토시 은산(현재 볼리비아) 등에서 대량의 은이 산출되어 세계적으로 유통되기 시작하였다. 포토시는 표고 4,000m를 넘는 안데스 산맥에 위치하고 있으며, 그 외곽에 있는 세라 리코라고 불리는 높이 800m 정도의 산이 은을 비롯한 각종 광물이 산출되는 중심지였다.

1545년부터 75인의 스페인인과 3,000명의 인디오가 은 광석을 채굴하기 시작하였다. 2년 후에는 인구가 1만 4천 명이 되었고, 은광맥이 있다는 사실을 확인한 스페인인들과 인디오들이 몰려들면서 1650년에는 인구가 16만에 이르렀다. 당시 마드리드가 15만 5천, 세비야가 18만, 런던 22만 5천이었다. 사실 17세기 포토시는 세계 최초의 자본주의적 도시이자 국제화된 도시였다.

17세기 전반 동안 신대륙에서 스페인으로 유입된 은의 양이 1만 6천 톤에 이르렀는데, 그 3분의 2가 포토시의 은, 나머지가 멕시코산이었다고 한다. 생산량으로 따지면, 1545년 이후 1780년대까지 240년 정도의 기간 사이에 적게는 1만 5천 톤, 많게는 4만 톤의 은이 생산된 것으로 보고 있다. 1만 5천 톤이라고 해도 당시 전 세계 은 생산량의 3분의 2에 달했다. 1g 가격을 2022년 10월 기준으로

포토시 은광의 채굴 모습

1,000원이라고 한다면, 1만 5천 톤의 가격은 15조 원에 이른다. 당시에는 금과 은이 교환비율이 1:6이었으므로, 이로 환산하면 현재 금 1g이 7만 원 이상에 이른다. 당시 교환비율로 따지면 은 1g은 12,000원이 된다. 그러면 1만 5천 톤 은의 가격은 180조이고, 4만 톤이라면 480조가 된다. 당시 스페인 인구가 800만이었고, 2021년의 인구 5,000만인 우리나라 국가 예산이 558조이다. 얼마나 큰 재원이 되었는지 능히 짐작할 수 있다.

은의 제련

은의 대량생산은 회취법(灰吹法)으로 불리는 제련기술 때문에 가능해졌다. 은광석을 용해시킨 납 속에 넣으면 쉽게 은과 납의 합금이 만들어진다. 이 합금을 큐펠(뼈를 태운 재나 폴트란 시멘트, 산화마그네슘 분말 등으로 만든 그릇)이라고 부르는 용기에 올려놓고 공기를 불어넣으면서 800~850℃로 가열하면, 납은 공기 중의 산소와 결합하여 산화납이 되어 큐펠로 흡수되고, 은은 알갱이 상태로 큐펠 위에 남게 된다.

한편 포토시에서는 1570년 수은아말감법으로 대량의 은을 생산하기에 이른다. 이 방법은 1554년 멕시코 파추카의 바르톨로메 데 메디나에 의해 발명된 것으로 알려져 있다. 파추카는 포토시에 필요한 수은이 생산되는 광산으로도 유명하였다.

수은아말감법은 먼저 은이 함유된 광석을 잘게 분쇄한 다음 얕은 웅덩이처럼 생긴 혼합장소(patio)에 넓게 펴서 깐다. 그 위에 수

19세기에도 계속된 수은아말감 제련법. 배후에 보이는 산이 세로 리코이다.

은, 소금물, 황산구리를 섞어서 반죽처럼 만들어 덮은 다음, 사람이 발로 밟거나 가축이 돌리는 연자방아로 압력을 가한다. 그러면 은과 수은이 화학반응을 일으켜 아말감이 형성되는데, 이것이 굳으면 물로 씻어낸다. 남아 있는 굳은 아말감에 열을 가하면 기화점이 낮은 수은이 먼저 증발하면서 은을 얻을 수 있게 된다. 특히 수은아말감법이 보급되면서 수은 증기를 들이마신 작업자들이 수은중독으로 죽음에 이르는 경우가 많았다.

은의 도시

'포토시의 제국 마을'은 삶과 일에 필요한 모든 물품이 결여된 척박한 고원지대에 있었다. 모든 것을 운반해 와야 했다. 그럼에도 불구하고 포토시의 시장에서는 선주민과 아프리카 여성들이 옥수수로 만든 맥주, 따뜻한 스프, 마테차를 제공하였다. 상점들에는 세계 최고의 비단과 린넨, 중국의 자기, 베니스의 유리 그릇, 러시아의 가죽 제품, 일본의 칠기, 플랑드르의 회화를 비롯하여 베스트셀러가 십여 개국의 언어로 번역되어 진열되어 있었다. 마닐라에서 중국 장인들에 의하여 정교하게 조각한 아프리카산 상아는 포토시의 부유한 여성들이 간절히 사고자 하는 물품이었다. 또한 은으로 만든 굽이 달린 신발을 신고, 인도의 다이아몬드와 버마의 루비가 박혀 있는 금으로 된 귀걸이 · 목걸이 · 팔찌를 걸치고 다녔다. 콜롬비아산 에메랄드나 카리브해의 진주는 오히려 너무나 흔한 것이었다. 스페인에서 온 식도락가들은 수입한 아몬드, 케이퍼*, 올리브, 아르보리오 쌀, 사프란, 카스티야 와인을 맛볼 수 있었다. 후추는 수마트라와 인도 서남부에서, 시나몬은 스리랑카에서, 정향은 말루쿠제도에서, 육두구는 반다제도에서 들여왔다. 자메이카에서는 올스파이스라는 향신료가 들어왔다.

물건을 잔뜩 실은 갈레온선이 몇 개월이나 걸려서 태평양, 인도, 대서양을 횡단하여 이러한 사치스러운 물품들을 수송하였다.

---

* 케이퍼. 지중해산 관목의 작은 꽃봉오리를 식초에 절인 것으로 요리의 풍미를 더하는 데 쓴다.

해안에 도착한 물품들은 다시 노새와 라마들이 '제국의 마을'까지 실어 날랐다.

그뿐만이 아니었다. 태평양 쪽에서 돌아온 노새 대열은 은의 정제에 반드시 필요한 상품과 수은을 운반해 왔다. 절반 이상의 수은은 페루의 우앙카벨리카(Huancavelica)에서 생산된 것이었지만, 스페인의 합스부르크가가 알마덴(Almadén)과 이드리야의 광산에서 채굴한 수은도 사용되었다.

부에노스아이레스에서는 콩고와 앙골라에서 사로잡은 노예를 리우데자네이루를 거쳐 끌고 왔다. 이처럼 포토시는 세계 최고의 상품과 제조품들을 소비하는 도시가 되었고, 상인들은 상품들을 반짝이는 은화와 교환할 수 있는 즐거움을 마음껏 누렸다.

그러나 포토시는 그 모든 영광에도 불구하고 잔혹함, 오염, 범죄의 디오라마였다. 1647년 왕실의 파산이 한창이던 중, 펠리페 4세는 조사관을 파견하여 포토시의 왕실 조폐국 내부에서 발생한 거대한 음모를 밝혀냈다. 그 음모는 1,000마일 이내에 있는 거의 모든 관리들을 타락시켰다. 페루의 총독조차도 공모 혐의를 받았다. 행운의 샘은 독이 든 우물이 되어 있었다.

거대한 포토시 은화 주조 사기범들을 추적하여 처벌하고 주화를 적절한 중량과 순도로 되돌리는 데 10년 이상이 걸렸다. 새로운 디자인의 동전을 발행하였지만, 포토시 은화에 대한 세계적인 신뢰를 회복하는 데는 수십 년이 걸렸다. 보스턴에서 베이징에 이르는 모든 지역에서 상인들은 포토시 동전을 거부했으며, 수마트라의 후추 재배자들조차 포토시를 상징하는 'P'가 찍힌 동전을 꺼렸다.

은의 항해

한편으로 포토시의 은은 정교한 글로벌 무역 네트워크의 형성을 자극했다. 우선 스페인 북부의 철은 은 채굴에 필수적이었다. 스페인은 유럽에서 가장 풍부한 철광상을 가지고 있었고, 바스크 철광상들은 포토시에 필수적이었다. 철기, 못, 편자, 곡괭이, 경첩, 자물쇠 등을 스페인에서 수입해야 했기 때문이다. 광산 노동자들은 이들 철제품을 이용하여 단단한 암석을 파헤칠 수 있게 되었고, 이는 안데스 광산에 혁명을 불러왔다.

또한 신대륙의 값싼 은을 유럽과 아시아로 옮길 필요도 있었다. 수송되는 루트는 두 가지였다. 하나는 쿠바의 아바나 항구로 모은 뒤, 콜럼버스가 개척한 항로를 따라 대서양을 횡단하여 유럽으로 옮겨지는 경로, 또 하나는 멕시코의 태평양 측 항구인 아카풀코를 경유하여 아시아로 대량 유통되는 경로가 있었다. 신대륙의 은이 유라시아 대륙, 아프리카 대륙, 아메리카 대륙을 비로소 하나로 연결하였다.

대서양에서는 16세기 초까지 100톤 전후의 무역선을 사용하였지만, 해적들을 대비하기 위하여 16세기 중엽에 이르면 500~600톤의 대형선을 사용하기 시작하였다. 뿐만 아니라 1,000톤 이상이면서도 선형이 가늘고 물에 잠기는 깊이가 얕으며 속도가 빠른 대형 상선 갈레온선도 등장하게 되었다.

그때 우르다네타라는 인물이 대서양의 항해 경험을 바탕으로 태평양 항해의 간선이 될 수 있는 해상 도로를 개척하고자 하였다. 적도 근처에서 발생하는 난류를 타고 몬순 해역을 북상한 다

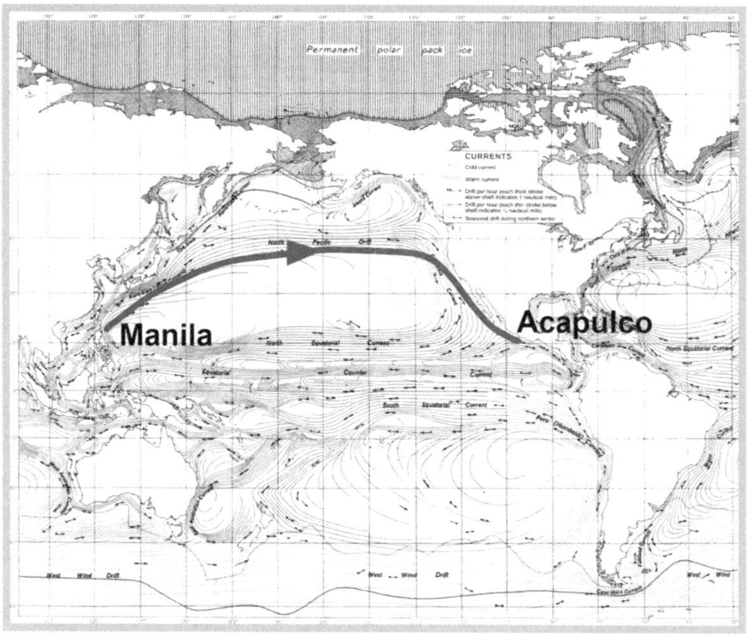

우르다네타가 발견한 태평양 횡단 항로

음, 편서풍을 이용하여 멕시코로 돌아가는 루트를 생각해낸 것이다. 대서양에서는 카리브해로부터 스페인으로 돌아갈 때 플로리다해에서 멕시코만류를 타고 아조레스 제도를 향해 북동쪽으로 나아간 다음, 거기에서 다시 편서풍을 타고 스페인으로 돌아가는 루트가 이미 개척되었다. 우르다네타는 태평양에서 편서풍 해역으로 들어가기 위해, 쿠로시오해류를 타고 일본 열도의 동안을 북위 39~40도까지 북상하는 방법을 생각해냈다. 그의 시도는 예상한 대로 성공하였다. 우르다네타가 탄 산베드로호는 4개월 8일 만에 태평양을 횡단하여 캘리포니아 해안에 도착하였다. 그 후 일행은 무사히 멕시코 남부의 항구 아카풀코로 귀환했다. 약 2만 킬로미터에 이르는 대항해였다. 이렇게 제3의 세계에 장대한 해상의 간선도로가 만들어졌고, 비로소 아메리카 대륙과 아시아가 연결된다. 우르다네타의 업적은 콜럼버스에 필적하는 것이었다.

신대륙에서 마닐라로 옮겨진 은의 가격은 당시 아시아 가격의 세 배에 달했기 때문에 스페인인은 중국의 비단, 도자기, 칠기, 동남아시아의 향신료를 대량으로 구입할 수 있었다. 이 수익은 막대하여 신대륙에서 산출되는 은의 3분의 1이 태평양을 건너 아시아로 향했다. 이렇게 아메리카 대륙과 중국 사이에 은을 비단과 도자기로 교환하는 거대한 파이프가 생겼다.

희망봉을 우회하여 인도양을 통해 아시아로 오는 루트가, 다시 마닐라를 거쳐 태평양을 건너 신대륙으로 가는 장대한 루트와 연결되었다. 마닐라에서 멕시코의 아카풀코에 옮겨진 비단 제품이나 도자기는 카리브해를 마주한 베라크루즈 항구에서 쿠바의 아바나 항구로 옮겨졌으며, 그 후 멕시코 만류를 타고 대서양을 횡단하여 스페인의 세비야로 옮겨졌다. 태평양과 대서양의 해상 도로가 하나로 이어진 것이다.

마닐라에서는 신대륙의 은이 복건(福建) 상인들이 가져오는 비단 제품과 교환되었기 때문에, 중국에서는 세금을 은으로 내는 명대 후기의 일조편법(一条鞭法), 청대의 지정은(地丁銀)과 같은 세금 제도가 정착될 만큼 대량의 은이 신대륙에서 흘러들어 왔다.

세비야 통상원의 관리하에 이루어진 신대륙의 값싼 은을 아시아로 수송하는 '마닐라 갈레온 무역'은 인류 역사상 전례 없는 대항해였다. 운 좋게 바람의 도움을 받아도 왕복 4개월, 운이 없으면 왕복 7개월이라는 장기간 항해가 이루어졌다. 그 때문에 대형 선박이 필요했다. 풍부한 필리핀의 목재를 사용하여, 배의 길이가 40m 이상, 평균 1,700톤에서 2,000톤에 달하는 갈레온선이 건조되었으며, 아카풀코와 마닐라의 두 항구에서 3척씩(1593년 이후에는 2척씩) 출항하여 태평양을 횡단하는 무역에 참여했다.

이처럼 마닐라 갈레온 무역에 사용된 태평양 횡단 항로는, 은에 의해서 하나로 연결된 세계 경제의 근간이기도 했다. 스페인령 아메리카의 금화와 동전 대부분은 인도와 중국에, 그리고 종종 근동과 중앙아시아의 항구들과 카라반을 통해 보내졌다. 오스만과 사파비나 무굴인들은 그들의 정복전쟁에 대한 자금으로 포토시 은을 사용했다. 포토시에서 만들어진 '8조각'이라고 불리는 스페인 은화는 국경을 넘어 무역과 전쟁의 비용으로 사용된 세계 최초의 글로벌 통화였다.

신대륙의 은이 모이는 마닐라 항구에는 대만해협을 횡단하여 남중국해를 남하한 복건 상인이 중국의 비단, 도자기, 칠기 등을 대량으로 가져오고, 동남아시아 상인이 향신료와 상아를 가져왔다. 대량의 무역품 중에서 특히 큰 비중을 차지한 것이 중국의 비단이었으므로, 갈레온선은 '나오 데 치나(Nao de china, 중국선)'라고도 불렸다.

은의 침몰

포토시의 은은 1550년 이후 유라시아의 금과 은 부족 사태를 종

식시켰다. 포토시의 은을 실은 배는 남아메리카에서 파나마지협을 지나 서쪽으로 대서양으로 나가 스페인으로 건너갔다. 스페인의 세비야와 포르투갈의 리스본에서 은은 다시 동쪽으로 오스만과 이란의 사파비 왕조, 인도의 무굴, 중국의 명과 청에 이르렀다.

그러나 빈번한 항해에는 재난도 따르기 마련이었다. 스페인의 보물선들이 난파되거나 약탈당하는 경우도 적지 않았다. 누에스트라 세뇨라 데 아토차(Nuestra Senorade Atocha, 약칭 아토차)는 스페인 침몰선 중에서 가장 유명하다. 1622년 금 · 은 · 동 등을 만재한 아토차는 파나마와 아바나 등을 거쳐 스페인 본국으로 가던 중 마르가리타호와 함께 플로리다 연안에서 침몰하였다. 그해 9월 6일 강력한 허리케인과 암초 때문에 난파되었고, 타고 있던 265명 중 5명을 제외하고는 구출되지 못했다. 두 배의 침몰은 30년 전쟁 등으로 재정적으로 어려웠던 스페인제국의 재정에 직접적인 타격을 주었다. 스페인은 필사적으로 배와 함께 가라앉은 재화를 인양하고자 하였다. 10년간의 노력과 많은 희생 끝에 마르가리타호의 재

아토차 기념 은화

아토차에서 인양한 은괴

화는 거의 다 건져 올릴 수 있었지만, 아토차는 흔적조차 찾지 못했다.

그런데 미국의 보물사냥꾼 멜 피셔가 16년 반에 이르는 탐색 작업 끝에 1980년에 배의 잔해를 발견하였는데, 침몰 후 처음 보고한 위치에 그대로 있었다. 1985년에는 당시 알려져 있지 않았던 스페인의 은화 등을 인양하였다. 현재에도 아토차에서 발견된 은화는 비싼 가격에 거래되고 있다. 같은 배에서 2011년에 찾은 에메랄드 반지는 50만 달러의 가치를 가지고 있다고 한다.

은의 저주

포토시 은의 발견은 인류에게 축복이었을까 저주였을까? 당시의 현지인들에게는 분명한 저주였다. 16세기 아메리카 신대륙 등 스페인 식민지에서는 가톨릭 교화를 조건으로 현지인들을 실질적

16세기 세비야의 모습

으로 노예처럼 사역시키는 농업경영 형태가 운영되었다. 이를 엔코미엔다라고 한다. 포토시에도 이 제도가 적용되었다. 금은과 각종 재화의 획득에 광분한 스페인 입식자들은 인디오를 종교적으로 구제한다는 명분에는 아무런 관심이 없었으므로 결국 노예제와 다름이 없었다.

그렇다면 포토시에서 생산된 방대한 양의 은은 스페인에게는 축복이었을까? 일시적으로는 엄청난 행운이었을지 모르지만, 스페인의 행로는 꼭 성공적이었다고 할 수 없었다. 현재도 산유국이나 자원대국이 반드시 산업화에 성공할 수 없는 것과 마찬가지였다. 당시로서는 스페인이 자원대국이었고, 네덜란드나 영국은 자원빈국이었다. 그러나 네덜란드와 영국은 각종 제조업이 발달하였고 산업혁명을 일으키기도 하였지만, 스페인은 그러지 못했다. 은으로 주변 나라에서 생산된 저렴한 물품들을 구입할 수 있었기 때문이다. 그런 와중에 막대한 은을 획득하게 된 스페인 왕실은 가톨릭교의 수호자를 자처하였다.

대량의 은이 세비야의 서인도상관을 통해서 스페인으로 쏟아져 들어온 것은 1570년경이다. 은은 매년 200~300톤 규모로 유입되었다. 방대한 양의 은 때문에 종래의 금화제도는 사라지고 은화만 유통되기 시작하였다.

과연 이러한 은은 스페인을 부유하게 만들었을까? 결과는 정반대였다. 손쉽게 획득한 은은 헤프게 쓰일 수밖에 없었다. 스페인은 내부적으로는 이베리아 반도의 마지막 이슬람 왕조인 나스르를 축출하는 레콩키스타를 수행 중이었다. 그러나 이 재정복의 말기에는 전쟁 비용이 급증하기 시작했다. 전쟁채권의 이자만 국가예산의 3분의 1에 이를 정도였다.

이뿐만이 아니었다. 16세기 초에 합스부르크 왕가(1516~1700)가 탄생하자, 초대 스페인 국왕 카를 5세는 신성로마제국 황제를 겸임하게 되었다. 이 때문에 로마교황청과 결합되면서, 루터의 종교개혁과 오스만제국의 동지중해 팽창을 저지하고자 하였다. 이때부터 스페인은 대외적으로 가톨릭 국가들을 통괄하는 리더 역할을 자임하게 되었다. 스페인은 내부의 전쟁뿐만 아니라 종교개혁 세력 및 이슬람 세력에 대한 성전(聖戰)을 수행하는 비용도 대부분 부담하는 상황이 되었다.

스페인 국왕이자 신성로마제국 황제는 이탈리아의 영유 문제를

카를 5세

두고도 프랑스와 전쟁을 벌이고 있었다(1494~1559). 16세기 후반이 되자 상황은 더욱 나빠졌다. 1564년부터 네덜란드에서 반란이 연이어 일어났고, 이를 진압하기 위한 주둔군의 주둔 비용도 만만치 않았다. 결국 반란은 네덜란드 독립전쟁으로 발전하였다. 이 전쟁은 80년 전쟁(1568~1648)으로 불리게 된다.

스페인의 16세기는 우리에게 많은 교훈을 준다. 스페인은 대국주의를 표방하며 전쟁채권의 발행을 거듭하였다. 군인 연금도 국가재정을 압박하였다. 전쟁채권의 이자와 과도한 연금의 지급이 해가 지지 않는 제국을 몰락에 이르게 하였다.

이처럼 전쟁 비용에 막대한 비용을 지출하면서, 신대륙의 은은 스페인의 상업이나 공업을 발전시키는 데 사용되지 못했다. 당시 주변 국가에서는 모직물 등 기계공업 부분이 크게 발달하고 있었지만, 스페인의 공업 자급율은 극히 낮았다. 스페인이 국내에서 소비하는 공업제품과 식민지로 보내는 상품의 90%가 외국제품이었다.

스페인은 막강한 해군과 아메리카 대륙 교역을 통해서 번영을 구가할 수 있었다. 그런데 역설적으로 스페인의 번영은 네덜란드라는 존재 없이는 유지할 수 없었다. 배를 만들기 위한 목재, 목재를 접착하기 위한 수지(樹脂), 방수용 타르, 돛을 만드는 천, 로프의 재료인 마(麻) 등의 구매를 거의 전적으로 네덜란드에 의지하고 있었다. 통상을 유지하기 위한 원재료는 모두 발트해 연안, 동구권으로부터 생산되는 것이었기 때문이다. 그래서 스페인은 네덜란드의 상업 및 해운에 의지하지 않을 수 없었다.

이처럼 포토시의 은은 스페인을 거쳐 플랑드르의 안트베르펜(현재 벨기에의 도시)을 향했다. 모여든 은은 네덜란드의 독립운동을 펼칠 수 있는 밑바탕이 되었다. 은에 의존하였던 스페인의 세기가 가고 네덜란드의 시대가 도래한 것이다. 스페인이 우연하게 획득한 은은 결국 축복이 아니라 저주로 끝난 셈이다. (이근우)

조선 도예, 바다를 건너 다시 돌아왔지만

임진왜란의 또 다른 이름 '도자기 전쟁'

임진년(1592년) 4월, 왜는 부산포 앞바다에 수군 장수 고니시 유키나가(小西行長)를 선봉으로 90여 척의 전투함을 이끌고 나타나 부산진과 동래성을 궤멸시키며 거침없이 한양으로 진격했다. 선조는 굴욕적으로 몽진(蒙塵)을 결정하고 평양성으로 피신했으며, 한양에 무혈 입성한 왜군은 파죽지세로 평양성을 함락시켰다. 이 모든 것은 불과 두 달 만에 벌어진 일이었다.

위기를 느낀 선조는 명나라에 군대를 요청했고, 이때부터 전쟁은 끝없는 교착 상태에 빠지며 일진일퇴를 거듭했는데, 그 와중에 조선반도는 전염병과 기근으로 죽어가는 백성들이 속출했고 그 모습은 아비규환 그 자체였다. 서애 류성룡은 『징비록』에서 당시의 상황을 이렇게 묘사했다.

> "한양과 지방의 백성들이 몹시 굶주렸고 또 군량을 운반하는 데 지쳐서 늙은이와 어린이는 도랑과 골짜기에 쓰러져 있었고, 건장한 사람은 도적이 되었으며, 전염병까지 겹쳐서 백성들이 거의 다 죽어가는 판국이었다."

한편, 조명 연합군에 밀려 남쪽으로 퇴각하던 왜군은 남해안 일대에 성을 쌓고 장기전에 돌입하면서 명나라와 협상을 시작했으나 지지부진했던 4년간의 협상이 물거품이 된 후, 대규모의 병력을 이끌고 1597년에 정유재란을 일으켜 다시 한번 조선을 쑥대밭으로 만든다.

임진왜란의 명분이 정명가도(征明假道)였다면, 정유재란의 목적은 조선 침탈이었으며, 그중 가장 큰 목표는 조선인들을 잡아가는 것이었다. 이때 일본으로 잡혀간 대부분의 조선인들은 인간 이하의 취급을 받으며 노예처럼 부림을 당했다. 이들은 포르투갈, 이탈리아, 인도 등에 노예로 팔려 나갔고, 그 숫자는 10~20만 명으로 추산되며 이는 유럽 노예시장의 가격을 폭락시킬 규모였다. 오랜 전쟁으로 인하여 노동력이 절실했던 일본 입장에서는 조선인을 팔아서 군비를 마련하는 일이 절대적으로 필요했다.

천하통일을 이룬 일본의 지배자 도요토미 히데요시(豊臣秀吉)는 닥치는 대로 조선인을 납치해 오라고 명령했는데, 특히 손재주가 뛰어난 세공인을 우선적으로 요구했다. 도요토미 히데요시는 왜

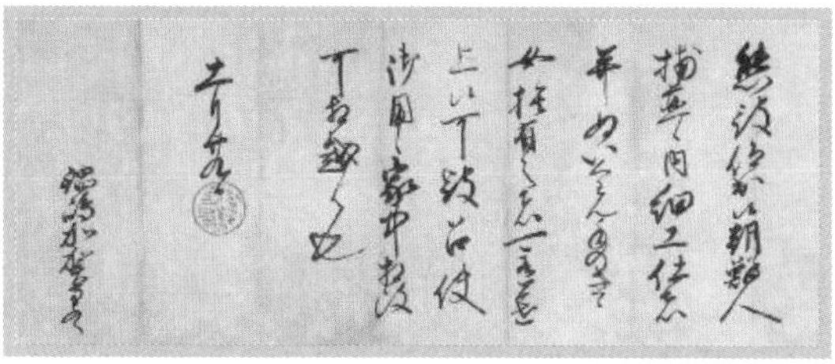

나베시마 나오시게에게 보낸 도요토미 히데요시의 친서

군의 장수 나베시마 나오시게(鍋島直茂)에게 이러한 친서를 보내기도 했다.

> "사로잡아 놓은 조선 사람 가운데 세공 기술자와 바느질 잘하는 여인, 손재주가 있는 여인이 있으면 곁에 두어 여러 가지 일을 시키고 싶으니 보내주길 바란다."

한편, 정유재란이 일어나고 조선군은 명군과 함께 경상도와 전라도에서 왜성을 거점으로 한 치열한 공방전을 펼쳤는데, 많은 이들에게 잘 알려지지 않은 전투 중 울산성전투가 있다.

조명 연합군에 밀려 남쪽으로 퇴각하던 일본 장수 가토 기요마사(加藤清正)는 1597년 11월부터 울산의 도산에 성을 쌓고 최후의 항전을 위해서 농성에 돌입한다. 12월 약 5만 7천 명의 조명 연합군은 도산성을 포위하며 거센 공격을 퍼부었으나, 왜군은 끈질기게 저항했다. 혹독한 추위에 조명 연합군은 지쳐갔고 도산성 안에 있던 왜군 역시 식량과 물 부족으로 항복 직전까지 이르렀으나, 본국의 추가적인 지원으로 조명 연합군은 결국 퇴각을 결정하고 말았다.

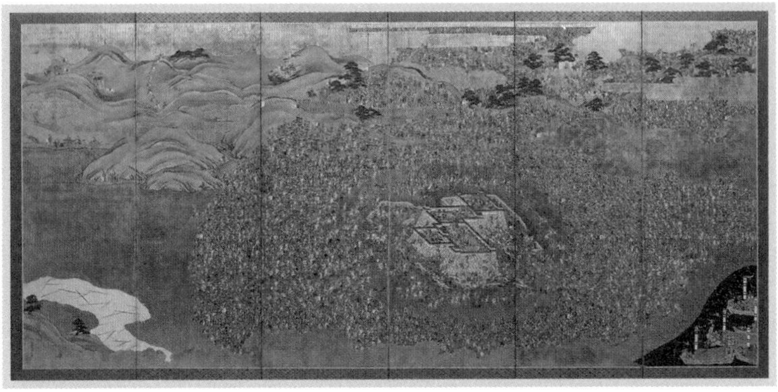

울산성전투

정유재란에서 겨우 회생하여 일본으로 돌아간 가토 기요마사는 조선에서의 축성 기술 경험을 바탕으로 현재 일본의 3대 성(城)으로 불리는 구마모토성(熊本城)을 1607년에 완성했으며, 이를 계기로 가토 기요마사는 일본에서 '축성의 명인'으로 불리게 된다.

기요마사는 울산성전투의 뼈 아픈 기억을 되풀이하지 않기 위해 구마모토성 안에 120여 개의 우물을 파서 식수 고갈에 대비했고, 언제라도 식량으로 대체할 수 있도록 벽면과 바닥의 다다미[畳]에 식용이 가능한 고구마 줄기를 넣었다. 또한 은행나무를 많이 심은 이유도 비상식량으로 삼기 위함이었는데 이를 두고 구마모토성을 은행나무성[銀杏城]이라고도 부른다.

길었던 7년간의 전쟁을 끝으로 일본으로 퇴각하던 가토 기요마사 등 일본 무사들은 최후의 발악으로 남해안 지역의 세공인, 그중에서도 도자기를 만드는 도공 상당수를 무차별적으로 잡아갔다. 뛰어난 도예가들이 많았던 경상과 전라 지역은 일본으로 끌려

가토 기요마사 초상화

구마모토성

간 도공으로 인하여 그 명맥이 한 순간에 끊어지며, 지역 도자사에 기록이 존재하지 않을 정도로 위기를 맞이하게 된다.

당시 전 세계적으로 자기(磁器)를 생산할 수 있었던 나라는 중국, 베트남 그리고 조선 3개국에 불과했는데 임진왜란이 '도자기 전쟁'이라고 불리었던 이유는 히데요시가 조선의 뛰어난 자기 제작기술을 탐냈기 때문이다.

일본의 다이묘[大名] 등 권력자들은 일본 차 문화의 선구자인 센노 리큐(千利休)의 영향으로 다도에 심취해 있었으며 그런 그들에게 조선의 도예 기술은 그들에게 최고의 보물과 같았다. 심지어 명품 차 사발은 오사카성과도 바꾸지 않겠다는 일화가 있을 정도였다.

고려부터 400년에 걸쳐 축적된 조선 도예 기술은 임진왜란으로 인해 10년 만에 그 자취를 감추게 되고, 조선 도공들은 거친 대한해협을 거쳐 이름도 모르는 일본의 각지로 흩어지게 된다.

일본도예의 융성과 조선도예의 쇠락

임진왜란 이후 일본으로 끌려간 조선 장인들은 규슈(九州)를 중심으로 각지로 흩어졌고 전쟁에 참가했던 왜군의 장수는 귀국과 함께 그들을 자신들의 영지(領地)로 복속시켰다.

그중에서 조선 도공들이 일본 현지에 정착한 곳은 아래와 같다.

지역	주요 요장(窯場)
야마구치현(山口県)	하기야키(萩焼)
후쿠오카현(福岡県)	다카도리야키(高取焼) 아가노야키(上野焼)
사가현(佐賀県)	아리타야키(有田焼) 가라쓰야키(唐津焼) 이마리야키(伊万里焼)
나가사키현(長崎県)	히라도야키(平戸焼)
구마모토현(熊本県)	야시로야키(八代焼)
가고시마현(鹿児島県)	사쓰마야키(薩摩焼)

조선의 도공들은 번주(藩主)의 명령에 따라 도자기 생산에 투입되었는데, 조선 장인들의 기술력과 일본인들의 노동력은 일본의 도자기 생산체제를 본격적으로 도기(陶器)에서 자기(磁器)로 탈바꿈시켰다.

일본 도예의 혁명적 전환점에는 조선 도공 이삼평(李参平)이 있다. 이삼평은 1598년 왜군 장수였던 나베시마 나오시게에 의해 일본으로 끌려가 현재의 사가현(佐賀県) 다쿠(多久)에서 1599년부터 도기 작업을 시작했다.

그리고 자기 생산에 적합한 백자석(白磁石)을 찾아 나베시마번

이즈미야마 자석장

도조 이삼평 상(像)

도조 이삼평 비(碑)

(鍋島藩)을 떠돌다가 현재의 아리타(有田) 지역에 정착한다. 가마를 짓고 작업을 이어가던 중 양질의 백자석이 대량으로 묻혀 있는 이즈미야마(泉山) 자석장(石場磁)을 발견하고 1616년에 덴구다니가마(天狗谷窯)에서 일본 최초의 백자를 만들었다. 이것이 바로 일본 자기의 원년이다. 이즈미야마 자석장 앞 표지석에는 다음과 같은 글이 적혀 있다.

"400년에 걸쳐 하나의 산을 도자기와 바꾸었다."
「四百年かけてひとつの山を焼き物に変えた」

조선 도공 이삼평은 일본에서 도자기의 할아버지, 즉 도조(陶祖)라고 불린다. 그만큼 그가 일본 도예 발전에 남긴 공이 혁혁하다는 뜻으로, 아리타 주민들은 대 이삼평을 기리는 도산신사(陶山神社)와 기념비를 건립하는 등 그를 '도자기의 신(神)'으로 칭송하며 최고의 영예를 부여하고 있다.

이삼평과 함께 일본을 대표하는 또 한 명의 조선 도공은 심수관(沈壽官)이다. 심수관 가계(家系)의 시조인 초대 심당길(沈當吉)은 정유재란 이후 일본으로 끌려온 조선 도공으로, 사쓰마번(薩摩藩)의 명령에 의해 나에시로가와(苗代川)에 정착해 도예 작업을 시작했다. 뛰어난 기술력으로 사쓰마야키의 맥을 이어오던 심수관 가계는 12대에 들어서 도예 기술 최고의 꽃을 피웠다. 1873년 오스트리아 빈에서 개최된 만국박람회 이후 세계 유수의 박람회에 출품해 최고의 평가를 받는 등 일본 도예의 해외 판로 개척에 크게 공헌했다.

현재 심수관 가계는 15대에 이르러 도예 작업 이외에도 주후쿠오카대한민국총영사관의 명예총영사로 활동을 펼치며 한일 간 문화교류에도 많은 힘을 쏟고 있다.

한편, 이삼평이 일본으로 끌려오던 시기인 1500년대 말 규슈에 도착한 도공 김태도의 아내 백파선(百婆仙)이라는 조선인 여성 도공이 최근 새롭게 주목을 받고 있다.

그녀는 일본에서 남편을 잃은 후 조선인 도공 수백 명을 이끌고 아리타로 옮겨와 나베시마번 도자기 산업을 중흥시키는 데 큰 공을 세웠다고 전해지는 인물이다.

'일본 도자기의 어머니가 된 조선의 여인' 백파선의 정확한 이름은 역사적 자료에 남아 있지는 않다. 하지만 그의 후손들은 조선인 여성 도공의 공적을 기리기 위하여 백파선—백 살까지 산 神仙과 같은 머리가 하얀 할머니—라는 이름을 비문에 새기고, 백파선 기념관을 건립하는 등 다양한 추모 활동을 이어가고 있다.

조선의 수많은 도공이 일본으로 끌려가면서 조선 도예는 내리막길로 접어드는데, 임진왜란 직후 조선 도예가 얼마만큼 심각한 상황이었는가를 보여주는 내용이 『선조실록』에 기록되어 있다.

> "전례대로라면 졸곡(卒哭) 날 제재(諸宰)들을 궐정(闕庭)으로 초치하여 고기를 권하였는데 이번에는 사옹원에 그릇이 없어 그렇게 할 수가 없겠다. 각 사가 고기를 쓰라고 예조에서 승전(承傳)을 받들도록 하라."

고려청자 제작 기술을 바탕으로 조선 초기 분청사기의 발전과

심수관요

백파선 갤러리

더불어 조선시대 자기 최고의 꽃이라고 할 수 있는 백자가 중흥기를 맞이하던 시기에 벌어진 임진왜란으로 조선 도예는 급격한 쇠락의 길로 접어든다.

조선 왕실은 15세기 후반 경기도 광주를 비롯한 한양 인근에 백자를 공납받을 수 있는 관요(官窯)인 사옹원(司饔院) 분원을 설치하고 본격적인 생산에 돌입했다. 하지만 임진왜란 이후의 폐해로 도자기 제조 기술은 급격히 조악(粗惡)해지면서 1884년 관요 폐지에 이르기까지 겨우 그 명맥을 유지하는 수준에 이르렀다.

혹자는 임진왜란 이후 조선 도예가 멸절의 수준이 되었다고 분석하는 경향도 있으나, 반드시 그렇지만은 않다. 명나라로부터 청화백자 제작에 필요한 안료(顔料) 수입이 어려워지자 17세기 후반에서 18세기 초반에 철화백자를 제작하면서 또 다른 조선 도예의 멋을 뽐내기도 했었다.

하지만 19세기 말에 이르러 서양 자기를 비롯해 산업화된 일본 도자기 수입이 늘었고, 관요였던 사옹원 분원의 폐지와 민영화로 예술성을 잃어버린 조선백자 품질은 저하되어 결국 쇠퇴의 길로 접어들고 말았다.

철화백자 포도

일본도예의 해상교역, 세계를 장악하다

임진왜란 이후 일본으로 끌려간 조선 도공들은 번주(藩主)의 엄격한 관리 감독 아래 17세기 초반부터 규슈를 중심으로 본격적인 자기 생산에 들어간다.

일본은 조선 도예 기술을 바탕으로 도자기 제작의 혁명적인 발판을 마련하게 되는데, 특히 중국과의 활발한 교류를 통하여 비약적인 도예문화를 형성하였다. 중국 도자기의 문양과 디자인을 모방 또는 기본으로 다양한 변용 방법을 취하여 일본만의 독특한 도자 스타일로 정착시켰으며, 채색 기법에 있어서는 상당한 발전을 이룩했다.

일본 도예는 17세기 중반을 기점으로 유럽을 비롯한 전 세계를 대상으로 도자기를 통한 해상교역을 펼치게 된다. 1602년 네덜란드에서 탄생한 동인도회사는 중국을 중심으로 아시아의 도자기를 폭넓게 수입했다. 당시 유럽은 자기를 제작할 수 있는 기술과 제반 여건을 보유하지 않고 있었기 때문에 유럽 귀족들은 아시아의 도자기 수입에 절대적으로 의존할 수밖에 없었다.

이런 상황 속에서 자기의 가치는 점점 상승하여 당시 유럽 귀족들은 자기를 금과 같은 가치를 가졌다는 뜻으로 '백색 황금(White Gold)'이라고 불렀을 정도였다.

17세기 중반 중국은 명(明)에서 청(淸)로 바뀌는 혼란스러운 시기였다. 이 시점에 중국 자기의 대표적 생산지였던 경덕진(景德鎭)에서는 도자기 제작이 급격히 감소한다. 이후 청이 건국되고 설상가상으로 해상무역을 전면적으로 중지하면서 유럽 상인들은 더 이상 중국 도자기를 수입할 수 없었다. 때문에 결국 일본으로 눈을 돌려 본격적인 도자기 수입에 나서게 된다.

당시 에도 막부는 규슈 나가사키(長崎)를 유럽과 교역이 가능한 유일한 항구로 지정했다. 네덜란드 동인도회사는 1659년에 나가사키를 통해서 일본 도자기를 최초로 수입하기 시작한다. 중국의 명청 교체기에 발발한 내전은 일본 도자기 업계에 있어서는 절호의 기회였다. 1616년 일본 최초의 자기 생산으로부터 반세기도 되지 않은 시점에 유럽으로 도자기를 수출할 수 있는 엄청난 행운을 얻었던 것이다.

이러한 상황 덕분에 사가현 아리타를 중심으로 한 지역은 도자기를 대량으로 수출하는 호황을 맞이하여, 지역 내 도자기 생산활동은 본격적인 분업화를 거쳐 완벽한 체계를 갖추는 시대를 맞이한다. 1659년 유럽으로의 첫 수출로부터 약 70년 사이에 700만 개에 이르는 아리타 도자기가 상당한 고가(高價)을 받으며 이마리(伊万里) 항구에서 유럽으로 수출되었다.

유럽 왕족들이 얼마나 동양의 도자기를 동경했는지에 대한 대표적인 예로 독일을 꼽을 수 있다. 옛 작센 공국의 주도(主都) 드레스덴에는 18세기 유럽 도자사(陶磁史)에 한 획을 그은 인물이 작센의 군주 겸 폴란드 왕을 겸했던 아우구스트 2세다. 동양 도자기에 심취한 그는 유럽에서 가장 많은 양의 동양 도자기 3만 5천여 점을 수집했다고 전해진다. 당시 유럽 왕족과 귀족에게 중국과 일본 도자기는 부와 권력의 대표적 상징이었던 것이다.

특히, 19세기 후반 유럽에서는 프랑스 파리를 중심으로 우키요에(浮世絵)를 통한 이른바 자포니즘(Japonism)이 대유행하였다. 우키

드레스덴 국립 미술관에 전시된 일본 채색자기 가키에몬

요에란 일본 에도시대에 유행한 풍속화로 주로 목판화 형태로 제작되어 대량 생산이 가능했다. 해상을 통하여 유럽으로 도자기를 수출할 때, 깨지기 쉬운 도자기의 특성상 안전한 배송을 위한 완충재가 필요했는데 그때 우키요에의 판화가 포장지로 사용되었던 것이다.

유럽인들에게 우키요에는 신선한 충격으로 전파되었고 당시 미술작가 등에 있어서는 새로운 창작 욕구를 촉발시키는 상당히 자극적인 현실로 작용했다. 인상파 화가들은 일본에서 건너온 이국적인 그림에 매료되어 우키요에를 모사(模写)하기 시작하면서 도발적인 작품을 만들어냈다. 도자기를 포장하기 위한 종이 한 장이 일으킨 자포니즘은 세계 미술사(美術史)에 새로운 바람을 불러일으키는 결정적인 계기가 되었다.

17세기 초반부터 시작된 일본 도예는 각 지역의 영주를 중심으로 한 집중적인 기술 개발을 통해 독자성을 갖추게 되었다. 절묘한 시대적 상황을 맞아 유럽의 도자 시장을 장악하면서 비약적으로 성장하여 일본을 세계적 수준을 갖춘 도자기 생산국으로 자리매김하게 했다고 볼 수 있겠다.

〈탕기 영감의 초상〉(빈센트 반 고흐, 1887, 로댕미술관 소장). 배경에 우키요에가 그려져 있다.

부산으로 다시 돌아온 조선 도예 -조선경질도기(朝鮮硬質陶器)의 상륙

1800년대 후반 격동기를 맞이한 조선은 극심한 세도정치의 횡포와 미국 등 외세의 압력에 혼란스러운 상황에 처해 있었다.

한편, 메이지 유신(1868)을 계기로 근대화를 시작한 일본은 서양 문물을 수입하면서 점점 국력을 키워 나갔다. 그리고 1894년 청일전쟁과 1904년 러일전쟁을 승리로 이끌면서 본격적으로 조선 침탈에 나섰다. 결국 조선은 1910년 굴욕적인 국권 침탈을 당하고 고통스러운 식민 치하에 들어가게 되면서, 타의에 의한 근대화를 맞이하게 된다.

조선의 백성들에게도 근대화의 물결은 새로운 일상으로의 변화에 대한 신호탄이기도 했다. 근대 문물은 모든 방면에서 서서히 조선사회를 변화시키기 시작했고 도자 문화에서도 놀랄 만한 사건이 발생했다. 조선 도예 기술로 융성을 이룬 일본 도자기가 최신식 대규모 생산 형태를 갖추어 부산 영도에 상륙한 일이었다.

일본경질도기주식회사(日本硬質陶器株式会社)는 1908년 가나자와시(金沢市)에서 창업한 도자기 생산회사다. 일제는 수탈정책의 일환으로서 당시 자본금 100만 엔의 자회사인 조선경질도기주식회사(朝鮮硬質陶器株式会社)를 1917년 부산 영도에 설립하여 본격적인 도자공업 체계를 갖추고 출발했다. 그리고 1925년에는 조선총독부의 전폭적인 지원으로 본사를 부산으로 이전하기에 이른다.

조선경질도기가 영도에 거점을 마련하게 된 여러 가지 이유 중 가장 큰 이유는 석탄의 원활한 공급이었다. 일본 규슈의 북부 후쿠오카에서 채굴된 석탄을 부산으로 옮겨 도자기 생산을 위한 연료로 사용하기 위함이었다. 또한 도자기를 만들기 위한 주 원료인 태토(胎土)는 함경도 생기령과 경상도 고성의 고령토를 수급 받아야 했다. 원료의 수급과 생산된 제품의 운송 등 지리적으로 용이하도록 항만 설비가 잘 갖춰진 영도가 최적지였을 것이다. 특히 생산 인력으로 조선인들을 저렴하게 고용할 수 있다는 것은 가장 큰 매력이었을 것이다.

구한말 조선의 도자 생산은 관요 폐지로 민영화의 길을 걷고 있었는데, 당시의 생산 형태는 전통적 방식의 가내수공업 수준에 머물러 있었다. 이러한 상황에서 근대적 공업체제의 모습으로 상륙한 조선경질도기는 국내 도자기 시장에 상당한 파급력을 지니고 변화를 이끌게 된다.

조선경질도기 부산공장 정문

조선경질도기 공장의 연면적은 약 83,000m²의 규모로 축구장 10개 넓이에 상당하는 수준이었다. 설비 또한 최신식 형태를 갖췄는데 생산에 종사한 인력만 1,000여 명에 이르는 등 최대 규모를 자랑했다.

조선경질도기 생산라인

조선경질도기의 주력 생산품은 서양식 접시로 총생산량의 90%였다. 대체로 하등품(下等品)으로 해외 수출용이었는데 인도네시아 등 동남아시아가 주된 판매처였다. 1920년대 후반부터는 수출 이외에도 조선 식기를 제작하는 등 내수용 생산까지 담당하게 되었다. 특히, 조선경질도기는 분업화된 작업 체계 속에서 연간 최대 800만 개를 제조할 수 있는 규모 아래 저렴한 가격으로 대량의 도자기를 생산하며 내수 시장을 장악했다. 전통적 수공업 형식으로 생계를 이어왔던 조선 도예인들에게는 심각한 타격이 되었음을 부인할 수 없다.

한편, 1931년 만주사변 이후 일제의 침략전쟁은 확산일로를 걸었고 1937년 중일전쟁 발발과 함께 전시총동원체제가 가동된다.

이에 따라 민간에서 사용하던 놋그릇 또는 유기제품 등 금속으로 만들어진 모든 것을 강제로 공출(供出)하였다. 조선경질도기는 일제의 정책에 발맞춰 공출되는 놋그릇에 대한 여성들의 반발을 삭히고자 애국부인회 등을 동원하여 공출보국(供出報國)이라는 글씨가 적힌 식기를 대용품으로 지급하며, 전시체제를 위한 국민의식 변화 운동에 동참하기도 했다.

1941년 태평양전쟁이 시작되면서 조선경질도기는 식기 이외에도 군사 목적의 도자기로 제작된 수류탄을 생산하는 등 총동원령 체제에 적극적으로 협조하며 경영을 이어갔다. 하지만 미국을 비롯한 연합국의 대일경제봉쇄령으로 수출이 막혀 불황을 겪다가 1945년 8월 15일 일본의 패전과 함께 30여 년의 역사는 막을 내리게 된다.

공출보국 사발

한국전쟁의 참화 속에서 꽃 핀 대한도기

1945년 일제의 패망과 함께 어두웠던 식민의 역사는 지워지고, 대한민국이라는 국호 아래에서 모든 것이 새롭게 시작되는 시기가 찾아왔다. 자유주의와 사회주의라는 이념적 대립과 갈등 속에서도 대한민국의 국민들은 일제의 폭압에서 탈출한 그 자체만으로도 최고의 행복을 누리고 있었을 것이다.

태평양전쟁에서 패전한 일본은 조선에서의 모든 것을 두고 황급히 일본으로 돌아갔는데, 당시 일본인들이 남겨놓고 간 재산과 설비를 적산(敵産)이라고 칭했다.

영도구 봉래동에 위치한 조선경질도기 역시 적산 관리 대상에 포함이 되었고 회사명은 '대한경질도기'로 변경되었다. 이후, 양산지역의 국회의원이었던 지영진은 4억 5천만 환에 '대한경질도기'를 불하를 받고 '대한도기'로 이름을 바꿨다.

'조선경질도기'에서 '대한도기'로 회사 이름은 바뀌었지만 일본이 남기고 간 모든 설비는 그대로 유지되었다. 때문에 대한도기는 영도지역을 중심으로 한 숙련된 기술자들을 계속해서 고용하면서 생산을 이어나갈 수 있었다. 핸드페인팅 기법 등 다양한 기법 등을 구현할 수 있는 기계들을 이용해 일제가 지휘했던 도기 문양의 형태에서 완전히 탈피하여 대한도기만이 가진 독특한 이미지를 구사하면서 생산을 이어갔다.

1950년 한국전쟁의 발발로 인하여 피란민들이 대거 부산으로 집중되었는데, 이를 계기로 대한도기는 또 다른 스타일의 도자기 생산 형태를 띠게 된다. 한국전쟁 때 부산으로 피란을 온 수많은

대한도기 영도공장

미술작가들에게 있어 대한도기는 생계를 유지할 수 있는 유일한 해방구 역할을 했다.

당시 국내 동양화 작가 중 최고라고 불리던 이당 김은호(1892~1976)와 소정 변관식(1899~1976)을 비롯한 유명 화가들이 부산에 피란을 와 있는 동안 대한도기에서 작업을 했다. 한국전쟁을 피해 부산에서 운영된 전시연합대학체제의 서울대학교 동양화 전공자들 역시 대한도기 핸드페인팅 작업에 큰 역할을 담당했다.

이렇듯 비극적인 한국전쟁의 이면에는 부산을 근거지로 했던 대한도기가 국내 미술의 흐름에 새로운 변형을 불러왔다고 해도 과언이 아닐 정도다. 도자와 회화의 결합은 자연스럽게 실험적 형태로 진화하게 되었고, 전쟁의 참화 속에서 꽃핀 대한민국 미술사의 또 다른 모습이 발견되었다고 할 수 있다.

1950~1960년대에 제작된 대한도기의 상품들은 피란수도 부산에 상주했던 외국 군인 및 주한 외교관 등의 선물로 많이 판매되었다고 한다. 대한도기에서 제작한 접시에 그려진 그림은 산수화, 인물화, 풍속화 등 한국의 전통적 미(美)가 담긴 것으로, 외국인들

대한도기 널뛰기 그림 접시

에게 있어 가장 선호도가 높았을 것으로 추정된다.

1960년대 대한도기는 주로 법랑그릇 등 생활 도자기를 만들면서 일반 대중에게 많은 사랑을 받았다. 그러나 1960년대 후반부터 스테인리스와 플라스틱 그릇이 유행하면서 도기 그릇에 대한 선호도와 수요가 급감한다. 대한도기 경영진은 새로운 활로를 모색하고자 타일 생산에 주력했으나 산업화 시대의 치열한 경쟁을 이겨내지 못하고 결국 1972년 폐업에 이르게 된다.

현재 대한도기의 외관적 흔적은 거의 사라지고 없다. 대한도기 공장터가 있었던 영도구 봉래동 어느 구석에 빨간 벽돌로 된 작은 담벼락만이 55년의 대한도기 역사를 조용히 읊조리고 있다.

대한도기는 근대 부산 경제의 한 축을 담당했던 대규모 산업체였으며, 한국전쟁으로 인해 예술과 산업이 자연스럽게 접목되어 피란시절 예술가들의 집합체이자 구심적 역할을 했다. 당시 임시 수도였던 부산은 피란민들에 의해 새로운 문화적 영역이 탄생하였다. 미술 이외에도 문학, 음악 등 다양한 장르에서 부산의 '피란 문화 예술'을 재조명할 필요가 있다. (김영길)

일본의 뎃포(鉄砲) 전래

다네가시마에 전래된 뎃포(鉄砲)

오스미제도(大隅諸島) (출처: Wikipedia)

우리는 보통 분별없이 막무가내로 덤비는 경우를 이르러 '무데뽀'라는 말을 쓴다. 국립국어원 표준국어대사전에는 '일의 앞뒤를 잘 헤아려 깊이 생각하는 신중함이 없음을 속되게 이르는 말'이라고 나와 있다. 여기서 '데뽀'는 철포(화승총)의 일본어 발음이다.

다네가시마 도키타카 상(출처: Wikipedia)

즉, 전쟁터에 총도 없이 뛰어나간다는 뜻의 '무뎃포(無鉄砲)'인 것이다. 16세기 일본에 전해진 '뎃포(鉄砲, 철포)'는 세계사의 흐름을 크게 바꿨을 뿐 아니라 근세에 미친 영향 또한 지대하다.

1543년 8월 25일 일본 규슈의 남쪽 다네가시마(種子島)에 위치한 니시무라(西村)의 오우라(大浦)에 한 척의 대선(大船)이 표착(漂着)한다. 대선에는 100명 남짓한 승객이 타고 있었는데 마을 사람들은 그 모습들을 기괴히 여기지 않을 수 없었다. 게다가 아무도 그들과 말이 통하지 않았는데 다행히도 그 배에는 오봉(五峰)이라고 하는 대명(大明)의 유생이 타고 있었고 니시무라에는 마침 오리베노 조(織部丞)라고 하는 문자를 잘 풀어내는 자가 있었다. 그들은 모래사장 위에서 지팡이로 필담을 주고 받았는데, 오봉은 배에 타고 있는 사람들에 대해 서남만종(西南蛮種) 오랑캐 상인이라고 하며 그들이 교역을 원한다는 내용을 오리베노 조에게 전한다.

이후 사료를 통해 밝혀진 것은 '오봉'이라는 인물의 진짜 이름이 '왕직(王直)'이라는 것이다. 왕직은 왜구의 수령이었고 이 대선은 중국의 정크(Junk)로 불리는 선박이었다. 어쨌든 오리베노 조는 이 '왕직'이라는 자가 허풍을 떠는 사람이 아니라고 판단하여 다네가시마의 도주(島主) 도키타카(時堯)에게 편지를 쓴다. 이후 그 선박을 도키타카가 있는 아카오기(赤尾木)항으로 옮기고 약 6개월간의 체류가 이어진다. 선박에는 포르투갈 상인 두 명이 있었는데 한 명은 프란시스코(牟良叔舍), 다른 한 명은 기리시타 다모타(喜利志多侘孟太)라고 불리는 자였다. 그들은 길이 2~3척, 몸체는 원통이고 내부가 뚫려 있는 뎃포를 꺼내 도키타카 앞에서 사격 시범을 보였는데 이를 처음 본 도키타카는 뎃포의 위력에 깜짝 놀라 2천 금이라는 거액을 지불하고 총을 구입한다. 당시 15세였던 도키타카에게는 그야말로 호기심과 더불어 전국(戦国)시대였던 일본을 통일시킬 수 있을 것이라는 야심도 생겨나지 않았을까 하는 상상을 해본다. 그러한 이유였을까? 이후, 가신인 사사가와 고니시로(篠川小西朗)에게 화약을, 대장장이인 야이타 긴베(八板金兵衛)에게 제조법을 배우도록 하였고 실패를 거듭한 후 마침내 뎃포 제조에 성공한다.

『뎃포기(鉄砲記)』

1543년 8월 다네가시마에 뎃포가 전래된 이야기는 다이류지(大竜寺)의 선승(禅僧) 난포 분시(南浦文之)가 다네가시마 16대 도주인 히사도키(久時)의 의뢰를 받아 작성한 『뎃포기』에서 수록된 내용으로 뎃포 전래의 장면을 묘사한 것이다. 포르투갈 상인들에 의한 뎃포 전래의 이야기는 널리 알려져 있는 이야기이다. 이후 전국 동란의 소용돌이 속에서 오다 노부나가(織田信長), 도요토미 히데요시(豊臣秀吉)가 천하통일을 이루려는 과정에 뎃포가 크게 활용되었고 중세에서 근세의 변혁기에 중요한 역할을 한 것으로 평가되고 있다. 다만, 『뎃포기』는 뎃포 전래를 전하는 일본의 유일무이한 기록이므로 지금까지 긍정적으로 인용은 되어왔지만, 모든 내용을 신뢰할 수 있을지에 대해서는 의문이 남는다. 가령, 『뎃포기』가 완성된 시점은 뎃포가 전래된 지 반세기 이상이 지난 게이초(慶長) 11년(1606)이고, 편찬의 동기가 다네가시마 15대 도주 도키타카의 뎃포 입수 공적을 16대 도주이자 도키타카의 차남인 히사도키가 현창(顕彰)한 것이기 때문이다.

『뎃포기』 (출처: kotenkyoyo.com)

그렇다면 뎃포 전래에 대한 다른 사료를 살펴보자. 포르투갈령 몰루카(Molucca) 총독인 안토니오

갈바노(Antonio Galvano)의 『논술서(論述の書)』(1563년 리스본 간행) 1절에는 다음과 같은 내용이 기술되어 있다.

> 1542년, 3명의 포르투갈인이 정크선을 타고 샴(Siam, 태국)에서 시나(China)로 향하는 도중 폭풍우를 만나, 북위 32도에 있는 섬에 도착했다. 그 섬이 부(富)로 유명한 지팡구인 것 같다.

아울러 오랫동안 일본에 체재했던 예수회 신부 후안 로드리게스(João Rodrigues)의 『일본 교회사』는 다네가시마 표착을 요약하면서 다음과 같이 기술하고 있다.

> 3명을 태운 정크선은 폭풍우로 인해 해상에 표착하여, 장비를 모두 잃고 일본섬 사이로 흘러들어 갔고 사쓰마(薩摩) 해상에 위치한 다네가시마(種子島)라는 섬에 입항했다. 그곳에서 포르투갈인들이 뎃포 사용법을 가르쳤고 그 사용법이 일본 전체로 퍼져 뎃포의 제조를 가르친 포르투갈인의 이름이 아직도 그 섬에 전해지고 있다.

갈바노와 로드리게스가 기술한 내용을 보면 그들 자신이 일본에 체재하면서 얻은 지식을 토대로 기술했기 때문에 뎃포 전래의 경위가 좀 더 자세하다고 볼 수 있다. 하지만 외국 측의 기록에서는 표착한 연도를 1542년으로 기술하고 있는 점과 뎃포의 사용법을 가르친 포르투갈인이 3명이라고 기술하는 점이 『뎃포기』와 차이가 있고, 어느 쪽이 맞는지 명확히 단정짓기는 어렵다.

의문에 싸인 화승총

뎃포 전래의 무대가 된 가고시마(鹿児島)현 다네가시마 니시노오모테(西之表)시의 박물관에는 다네가시마가에서 기탁한 화승총 2정이 전시되어 있다. 2정의 화승총은 『뎃포기』에서 언급한 포르투갈의 초전총(初伝銃)과 다네가시마 도키타카가 야이타 긴베에게 만들도록 한 일본산 제1호라는 설명이 있다. 뎃포 전래의 땅인 다네가시마를 방문한 사람들은 2정의 화승총을 보며 뎃포 전래의 역사를 떠올리겠지만 과연 2정의 화승총이 가지는 역사적 사실은 확실한 것일까?

포르투갈인에 의해 전해진 초전총(初伝銃), 즉, 최초로 일본 땅에 전해진 화승총에 대한 내용은 다네가시마의 역사를 엮은 『다네가시마 가보(家譜)』에 메이지 11년(1878) 2월 15일 자로 다음과 같은 내용이 적혀 있다.

> 남만인(南蛮人)으로부터 다네가시마가(種子島家)가 얻은 화승총은, 메이지 10년(1877) 세이난(西南) 전쟁에서 소실(焼失)하였다. 따라서 니시무라(西村)가의 먼 조상이 덴몬(天文) 12년(1543) 남만인에게 얻은 화승총을 다네가시마가에 헌상(献上)했다.

하지만 포르투갈 초전총의 사양은 총신장 69.2센티미터, 구경 17밀리, 두께 3밀리, 총신은 단조제(鍛造製)로 화혈(火血)은 철제, 총신 상각에는 은과 놋쇠의 상감(象嵌)이 5군데가 있고, 총구의 둘

니시노오모테시 박물관에 전시된 화승총 2정(출처: Kagoshima Prefecture)

레에는 화려한 테두리로 감싸져 있다. 총신의 형상으로 보면 오래전에 외국에서 들어온 남만통(南蛮筒)으로 보이지만, 총상과 쇠장식 둘레는 규슈지방에서 유행하였고 일본 총인 사쓰마통(薩摩筒)과 동일하기 때문에 총신이 다른 물건이다.

그렇다면 야이타 긴베가 만든 일본산 제1호는 어떨까? 이 화승총은 조준장치가 총신의 아래쪽에 가깝고 기관부의 지판, 방아쇠, 총상과 총신을 고정하는 동금(胴金), 책금(責金) 등의 금구는 일본에서 만들어진 총의 형식과는 다른 남만통의 특징을 가지고 있다.

총포학자 도코로 소키치(所荘吉)의 조사에 의하면 일본산 제1호 총신의 개머리판 아랫부분에 '다네가시마주 사다카타(種子島住定堅)'라고 새겨져 있다고 한다. '다네가시마주 사다카타'는 에도시대의 안에이(安永, 1772~1781) 시대에 실재한 다네가시마 제조공의 이름이다. 그런데 『다네가시마기(種子島記)』에는, 다네가시마가에서 간직되어온 '고쿄(古郷)'라는 이름을 가진 남만통의 사양이 '다네가시마주 사다카타'가 제조한 화승총과 같다고 한다. 또한 『다네가시마가보』 메이지 23년 6월 24일 '고쿄'에 대해 다음과 같은 기사가 있다.

> 하뉴(羽生) 씨가 다네가시마가에 헌상한 고총(古銃)은 덴몬시대(1532~1555)에 남만인이 헌상한 고쿄총과 유사한 것이다.

따라서 야이타 긴베가 만든 일본산 1호 총으로 선전하는 화승총은 안에이 시대에 다네가시마의 사다카타가 제작한 초전총(初伝銃)과 매우 흡사한 복제품이었다고 볼 수 있다. 다네가시마 니시노오모테(西之表)시 박물관에 전시된 1정은 초전총의 복제인데, 남만통의 사양을 전하는 자료이고 니시무라가가 다네가시마가에 헌상한 1정의 화승총 총신도 오래전에 건너온 남만통으로 일본에 현존하는 몇 안되는 실물로 주목받고 있다. 이미 에도시대부터 『뎃포기』는 유명한 책이었지만 박물관에 있는 2정의 화승총의 내력은 『뎃포기』의 기사에 맞춰서 후세에 전해져 온 것일 수도 있다.

화승총의 조형(祖型)

16세기 중반의 뎃포 전래는 그리스도교의 전래와 함께 일본이 처음 유럽 세계와 접촉한 상징적인 사건으로 평가를 받고 있다. 뎃포가 일본에 도달한 전파 경로를 생각해보면, 사실은 유럽의 뎃포가 일본으로 바로 들어온 것은 아니었다.

유럽에서 화기(火器)가 처음 출현한 것은 14세기 전반이었는데, 화기의 사용이 성행하면서 개량이 이루어졌다. 처음 만들어진 총은 손을 사용하여 화문(火門)에 점화시키는 지화식(指火式)으로, 핸드건으로 불리는 수총이었다. 하지만 수총은 취급하기가 불편했을 뿐 아니라 명중률도 낮아 병기로서 결점이 많았다. 그러한 이유로 14세기에서 15세기에 걸쳐 화승(火繩, 화약심지)에 의해 발화되는 총(Match lock)이 고안되었다.

하지만 화승총은 풍우 등으로 인해 화승의 불씨가 꺼져 발화가 되지 못하는 결점이 있었다. 일본에 화승총이 전래된 16세기 중반부터 이러한 결점을 보완하여 황철강(黃鉄鋼)과 강철(鋼鉄)의 타격

화승총의 화승과 화승협(출처: Wikipedia)

에 의해 발화되는 치륜총(歯輪銃, Will lock)이 고안되었다. 이후 17세기에 들어서면서 부싯돌과 강철의 타격에 의해 발화되는 수석총(燧石銃, Flint lock)이 출현했다. 이러한 치륜총과 수석총의 출현은 화승총을 시대에 뒤처진 병기로 만들었다.

유럽과 일본의 화승총 사양에는 큰 차이가 있었다. 유럽의 화승총은 대부분 화승협(火繩挟)이 꺾이는 방향이 총을 겨누는 이의 바로 앞이었고, 화승협을 당기는 용수철이 내부에 부착되어 있어 총미를 어깨에 맞추기 위해서는 크고 더 무거운 총신을 지탱하는 스톡(Stock)이 사용되어야 했다. 만일 통설처럼 포르투갈인이 유럽의 화승총을 전했다고 한다면 이와 같은 사양의 총이어야 한다. 하지만 모든 점에서 일본 화승총은 유럽식과는 접점이 없다는 것인데, 그렇다면 일본의 뎃포는 어디에서 온 것이며 누구에 의해서 전해진 것일까?

'오봉(五峰)'의 정체

난포 분시(南浦文之)의 『뎃포기』는 포르투갈인이 다네가시마에 표착했을 때, 니시무라(西村)의 오리베노 조(織部丞)와 필담을 나눈 사람이 대명(大明)의 유생(儒生) 오봉(五峰)으로 적고 있다. 또 안토니오 갈바노의 저서에는 포르투갈인이 타고 있던 배가 정크라고 적혀 있다. '오봉'과 정크선에 주목을 하자면, 당시 동중국해의 넓은 해역에서 날뛰던 왜구의 모습이 연상된다. 정순공(鄭舜功)의 『일본일감(日本一鑑)』에는 오봉이라는 인물을 '왕직적정즉오봉(王直的名鋥即五峰)'이라고 하고 있고, 가정(嘉靖) 39년(1560)에 편찬된

16세기 왜구의 모습 (출처: https://mag.japaaan.com/archives)

영파부지(寧波府志)에도 '왕직즉오봉(王直即五峰)'으로 적혀 있다. 이 인물이 16세기 중반에 활약한 안휘성(安徽省) 출신이자 왜구의 대두목 '왕직'이라는 것을 알 수 있다.

명대(明代)의 가정제 시기에는 해금(海禁) 정책에 의해 해외 도항이 철저히 금지되었다. 하지만 바다에 생활의 기반을 둔 절강(浙江), 복건(福建), 광동(広東) 등 중국 동남부 연안의 해상 생활자와 해외 무역인들은 생활을 위해서는 해금정책을 받아들일 수 없었기에 관헌의 눈을 피해 해상으로 나가 밀무역을 행했다. 명정부의 감시가 엄격해지면 엄격해질수록 그들의 활동은 격해지기 시작했다.

이 시기, 왕직 이외에 허동(許棟) 형제, 서유학(徐惟学), 서해(徐海), 이광두(李光頭), 엽종만(葉宗満) 등이 해구의 두목으로 이름을 날렸지만, 그들 대부분은 절강성의 쌍서항(双嶼港)과 복건성의 월항(月港)을 거점으로 금제품(禁制品)인 부싯돌, 유황, 생사, 목화 등의 밀무역을 행했다.

이미 왕직은 가정 10년대부터 나라에서 금지하는 일을 행하며 일본과 동남아시아 지역을 휘젓고 다니면서 '오봉(왕직)의 기세, 해상에 둘도 없는 해적'이라는 위세를 과시했다. 왕직은 일본과 관계가 깊었고, 히젠고토(肥前五島)의 복강도(福江島)에 저택을 갖고 있었으며, 규슈의 마쓰우라(松浦)씨, 오토모 요시시게(大友義鎮)나 주고쿠(中国) 지방 스오(周防)의 오우치 요시타카(大内義隆)와도 교섭이 있었다. 왕직의 왜구 활동은 명대 가정제 시기에 정점을 찍었고, 그 후 40년을 이어갔다. 이 시기는 1521년부터 1592년에 걸쳐 이어진 일본의 전국동란(戦国動乱), 그리고 천하통일의 과정과 겹

치는 시기이다.

왜구의 구성원 대부분은 중국인이었지만, 일본인도 있었다. 소위 진왜(真倭)들로 불리는 이들의 출신지는 사쓰마(薩摩), 히고(肥後), 나가토(長門), 오스미(大隅), 지쿠고(筑後), 하카타(博多), 히나타(日向), 셋쓰(摂津), 기이(紀伊), 다네가시마(種子島), 부젠(豊前), 분고(豊後), 이즈미(和泉) 등이었다.

16세기 중반, 절강의 쌍서항과 복건성의 월항에는 해외무역으로 이익을 취하고자 하는 중국인, 포르투갈인, 일본인, 남양(南洋)인들이 운집하여 국제 밀무역의 기지로 번성을 이루었다. 이후 왕직을 시작으로 밀무역에 뛰어든 중국인 해상(海商) 중에서도 교역을 위해 일본으로 향하는 자가 적지 않았다. 덴몬 10년과 12년에는 분고(豊後)의 진구지(神宮寺)포, 15년에는 분고의 사에키(佐伯)항, 그 외 사쓰마, 히젠의 모든 항에도 중국인 해상(海商)이 내항할 정도로 많은 중국인이 일본과 교역을 원했다.

조선해협 분쟁과 뎃포 전래의 진실

왕직의 정크선에 대해 외국 측 문헌이 존재하는데 그 내용을 보면 샴(Siam, 현 태국)에서 시나(China)로 항해하던 중, 폭풍우에 의해 조난을 당해 다네가시마에 표착하였다고 기술되어 있다. 실제 중국인 해상(海商) 중에는 일본으로의 내항 중 강풍을 만나 조선 반도의 연해지로 흘러들어 조선왕조에 의해 나포를 당하거나 보호를 받는 자가 속출했다. 『명실록(明実録)』에 의하면, 이 시기 복건

중종실록 (출처: Wikipedia)

성 장저우(漳州)의 민간인 이왕걸(李王乞) 등 39명이 요동군사(遼東郡司)에 송환되었고, 또 가정 26년(1547)에는 복건의 하해통번(下海通蕃)의 간민(奸民) 341명이 명에 송환되었다는 기록이 있다.

또한 『중종실록(中宗実録)』에는 수많은 중국인 표류민에 대한 대응을 고려했던 왕조의 움직임이 기록되어 있는데 그중 하나의 기사를 소개하고자 한다.

중종 39년(1544년) 7월의 일이다. 한 척의 당선(唐船)이 나주(전라도)의 비미도(飛弥島)에 정박했다. 왕조는 바로 병선(兵船)을 출동시켜 정찰하였다. 배에는 90여 명이 타고 있었는데, 언어가 통하지 않아 어디에서 온 사람인지, 왜 표류를 했는지 글을 크게 적어서 이유를 물었다. 하지만 당선은 그것에 대응하지 않고, 갑자기 화포를 발사했다. 우리 배의 2명이 화포에 맞아 사망했고, 2명은 부상을 입었다. 어쩔 수 없이 우리 쪽도 화포와 화살로 대응했지만, 당인(唐人)들은 방패에 몸을 숨기고 노를 저어 동쪽으로 나아갔다. 이때, 우연히 풍우가 몰아쳐서 당선의 속도가 늦어져 뒤쫓아가 포획할 수 있었다.

같은 달, 조선왕조 정부는 타방관(他方官, 첨사)에게 용감한 군졸들을 요해(要害) 지역에 배치시키도록 명하였고, 당선이 교역을 위해 일본에 가는 것이 목적이므로 끝까지 쫓아가되 군졸들에게 사상자가 발생하지 않도록 조심하도록 명했다. 이처럼 조선왕조가 명의 표류민을 열심히 보호하여 본국으로 송환한 것은 당인들이 소지한 화포가 교역을 통해 일본에 전해져 조선왕조에 해를 입히는 것을 두려워했기 때문이었다.

조선왕조는 많은 명의 표류민들을 보호했다. 하지만 그들은 모두 군기(軍器)를 소지하고 있었는데 이 군기가 화포 즉, 뎃포이다. 폭풍에 의해 조선 반도 연안에 표류했던 당선들은 일본으로 내항하는 당선 중 일부에 지나지 않았고 표류하지 않은 많은 당선들이 일본에 내항하여 화포의 교역이 이루어졌다는 것은 쉽게 상상할 수 있다. 그 결과 막대한 양의 화포들이 일본으로 유입되었다.

조선왕조는 명종(明宗) 2년(1547)의 기록에 의하면 이미 복건인이 왜노(명인들이 일본인을 칭할 때 사용)와 교통하여 그들에게 병기를 주었고, 화포 쏘는 방법 등을 가르친 것은 명과 조선왕조에 있어 매우 불리한 일이라고 적고 있다. 명종 2년은 나주 비미도 분쟁 사건에서 수년 후인, 일본 연호로 보면 덴몬 16년 전후이다.

또한 조선왕조가 가장 두려워했던 일본인에 의한 화포의 피해는 25년 후에 현실화가 되는데, 바로 도요토미 히데요시(豊臣秀吉)가 감행한 임진왜란이었고, 조선왕조는 일본의 뎃포에 대해 심각한 우려와 고민에 빠지기도 했다.

이처럼 통설로는 일본에 뎃포를 전한 것이 포르투갈인이라고 하지만, 당시 동아시아에서 활동한 왜구의 동향, 특히 대두목 왕직의 활동지역과 일본과의 관계, 왜구의 무리에 몸을 던졌던 일본 출신 진왜(真倭)의 출현지, 게다가 조선왕조에서 명정부로 전한 보고서 내용을 종합해보면 일본에 뎃포를 전한 것은 왜구로 보는 것이 당연하고 역사적 사실에 가깝다. 왜구는 부싯돌과 유황을 중요한 교역품으로 취급했을 뿐 아니라 뎃포까지 취급했을 가능성도 배재할 수 없다.

왜구가 일본에 뎃포를 전한 또 한 가지 근거는 앞서 언급한 바와 같이 일본에 전래된 화승총은 유럽식이 아니었다는 점이다. 일본에 뎃포가 전래되기 이전, 이미 동남아시아에서는 화승총이 유행했다. 동남아시아에서 유행한 화승총의 구조를 보면, 화승협의 부착 위치, 화승협을 기동시키는 방아쇠, 화개(火蓋)의 구조, 지판(地板) 내 장치 등, 일본에 전래된 화승총과 공통적인 부분이 너무 많아 동남아시아계로 간주할 수밖에 없으며 동남아시아가 왜구의 교역권에 있었던 것은 말할 필요도 없다.

다네가시마 표착 당시, 오봉, 즉 왕직이 중개한 사실도 유명하지만, 사실은 왜구가 뎃포 전래의 주인공이었던 것이다. 왜구라고 칭하면 해적행위가 강조되기도 하지만, 뎃포의 전래가 일본 근세 탄생의 가속화에 지대한 역할을 한 것에 대해서는 부정할 수가 없다.

뎃포의 일본 내 전파와 임진왜란

상술한 『뎃포기』에는 뎃포를 전한 인물에 대해서도 언급하고 있다. 이즈미 사카이 출신 상인 다치바나야 마타사부로(橘屋又三郎)라는 자가 다네가시마에 머물면서 뎃포제작과 뎃포술에 대해 익혔고, 사카이로 돌아간 뒤 뎃포제작 기술을 전파하기 시작했으며, 이후 기나이(畿内), 간사이(関西) 등지에 급속도로 그 기술이 펴져나갔다. 그 외에도 다네가시마의 가신(家臣) 마쓰시타 고로지로(松下五郎三郎)라는 자가 탄 상선이 태풍에 의해 이즈(伊豆)에 표착하였다. 그는 갖고 있던 뎃포의 시범을 보여주었고 이즈 사람들이 충격을 받아 뎃포의 제조와 뎃포술을 배웠다고 전해진다. 이로 간토(関東) 일대에도 뎃포가 전해지게 된다.

동국(東国)과 서국(西国)의 전국다이묘(戦国大名)들에게 뎃포의 군용화가 이루어진다. 덴쇼(天正, 1573~1592)기에 들어서면서 합전(合戦)의 규칙이 커지고 뎃포의 사용이 비약적으로 증가했다. 바로 덴쇼 3년(1575) 5월 나가시노(長篠) 전투를 그 서막으로 볼 수 있다. 또한 오다 노부나가(織田信長)를 섬긴 오오타 규이치(太田牛一)가 저술한 『노부나가공기(信長公記)』와 이후에 편찬된 『수권(首巻)』은 노부나가의 행적에 대해 자세히 기술하고 있다. 이 두 권의 책에서 편찬 의도는 다르지만 노부나가의 유년 시절 뎃포 사용의 정황을 알 수 있다.

> 노부나가는 16세에서 18세까지 다른 놀이는 하지 않고 (…) 이치가와 다이스케(市川大介)에게 활을 익히고, 하시모토 잇빠(橋

本一巴)에게 뎃포를 익혔고, 히라타 삼미(平田三位)에게는 병법(兵法)를 배우며(…)

덴쇼기에 들어가면서 뎃포의 사용이 급증하는데 대형 뎃포의 사용도 활발하게 나타난다. 특히 노부나가가 이세쿠니(伊勢国)에서 건조한 대선은 당시 일본 최대의 크기와 화려함을 자랑했고 이 배에는 3문의 대형 뎃포가 있었다고도 전해진다.

이후 도요토미 히데요시는 덴쇼 20년(1592) 4월 12일을 기점으로 임진왜란을 일으켜 조선의 바다와 육지를 침탈하며 7년간의 전투를 치른다. 선조 25년(1592) 히데요시의 침략을 받은 조선왕조는 군사회의를 열었고, 당시 비변사(備辺司)직을 맡고 있던 이항복(李恒福)은 "적의 선봉에 있는 일본 병사들은 철환(鉄丸)과 환도(環刀=일본도)를 갖고 있기 때문에 전투를 피해야 한다"고 주장했다. 반면 히데요시는 일본 국내의 통일 사업의 과정에서 많은 전투 체험이 있었기에 전투력이 막강했다. 선조 26년 선조왕은 히데요시의 병력에 대해 "무기의 성능이 좋고 병사들은 매우 단련이 잘되어 있다"고 하는 한편, 조선군의 실정에 대해서는 "우리나라 병사는 훈련이 잘되어 있지 않아 적을 상대하기가 어렵고 도요토미 히데요시의 군세가 강함은 화포를 보유하고 있기 때문이다. 또한 명국이 두려워하는 것은 화포이고 우리나라가 전투에서 이길 수 없는 것 역시 화포가 없기 때문이다"라고 말했다. 이처럼 임진왜란에서 히데요시의 주요 무기는 뎃포와 일본도였다는 것도 알 수 있다.

조선왕조로의 철환 총통 유입

임진왜란이 일어나기 1년 전 선조 24년(1591) 2월 조선왕조의 군사를 관장하는 병조(兵曹)에서 전비(戰備) 강화의 일환으로 사격 훈련의 필요성에 대해 상주(上奏)했다. 상신서에는 “향후 군사는 철환(鉄丸)을 배워야 한다”는 내용이었다. 당시 조선 군사의 주력 무기는 화살이었는데, 화살과 철환의 확실한 차이에 대해 대신(大臣)은 병조의 의견에 찬성했다고 전해진다. 선조 통치 100여 년 전 제9대 성종 5년(1474) 5월 조선왕조는 『병기도설(兵器図説)』을 편찬했다. 이 책은 당시의 병기에 대해 설명을 하고 있는데, 내용에는 많은 화기를 다루고 있다. 하지만 병조에서 말하는 화기는 철환을 쏘는 것이지만 총통은 4전 총통, 8전 총통이라고 하며 철환이 아닌 복수의 화살을 한 번에 발사하는 화기였다. 즉, 조선왕조 초기에는 철구슬을 쏘는 철환의 총포는 존재하지 않았던 것이다.

명조 10년(1555) 5월부터 7월에 걸쳐 전라도 남해안 영엄(靈嚴) 달양포(達梁浦)와 주변의 군현은 왜구의 대습격을 받는다. 이 사변은 왕조의 병제(兵制)에 큰 영향을 주었다. 전년도 11월 총통 전문가인 당인이 통역을 맡아 중국 총통은 철환임을 전했고, 이에 왕조 측에서는 장인에게 철환 총통의 제조법 전습을 명했다. 즉, 철환 총통의 기원은 중국에 있었고, 왜구의 습격을 방어하기 위해 개발된 화기였던 것이다.

이후 철환 총통은 북방 야인과 남방 왜구의 전투에 투입되어 선조 16년(1583) 5월 13일 오랑캐 2만여 명이 함경도 종성(種城)을 포위하여 관군을 살해하는 사건이 일어났다. 조선왕조는 경기도 수

오다 노부나가
(출처: Wikipedia)

군을 현지에 파견하였다. 반복되는 오랑캐와의 전투에 개발된 철환 총통이 투입되었고 전투경과의 보고와 원군(援軍)을 요청한 서장에는 "오랑캐들이 사면으로 성을 포위하여 성 아래까지 왔는데, 총통에서 철환을 비가 쏟아붓듯이 난사했더니 적들이 모두 달아났다"라고 적혀 있다. 이는 철환 총통은 남방의 왜구와 북방의 오랑캐들의 습격을 물리치는 효과가 있었고, 이 사건은 임진왜란 전까지 조선왕조에서도 철환 총통이 사용되고 있었다는 것을 증명하는 사건이라고 볼 수 있다.

이처럼 조선왕조는 철환 총통을 제조하여 왜구와 오랑캐를 무찔렀다. 창과 활을 주요무기로 했던 상대들이라 철환 총통의 효과가 있었을지는 모르나 일본의 뎃포에는 대항할 수 없었다. 이후 조선왕조는 투항하는 일본인을 회유(懷柔)하여 강한 뎃포를 손에 넣는 방법을 생각해냈다. 선조 25년 10월 일본인 포로의 취급에 대해 처형을 하지 않고 그들로부터 뎃포의 제조와 사격 기술을 전습시키도록 했다. 기존의 무기에 의존하기보다는 포로로부터 손에 넣은 뎃포를 복제하거나 조작법을 배우는 쪽이 낫다고 생각한 것이다. 이렇게 항왜회유책(降倭懷柔策)을 선언한 선조의 정책은 진전을 이루며 뎃포의 제조기술이 조선으로 전파되기 시작했다.

천하통일과 에도막부, 그리고 뎃포

게이초(慶長) 3년(1598) 도요토미 히데요시가 병이 악화되면서 도쿠가와 이에야스(徳川家康)와 마에다 도시이에(前田利家)에게 뒷일을 맡기고 사망한다. 이에야스는 후시미(伏見)에서 정치를 살폈고, 도이이에는 오사카에서 히데요시의 첫째 아들 히데요리(秀頼)를 보좌한다. 천하의 영웅호걸들은 주군을 잃고 거취를 정하지 못했고 이에야스는 이를 틈타 천하의 패권을 차지하고자 하는 야망을 품는다. 도요토미의 신하 이시다 미쓰나리(石田三成)는 이에야쓰에게 제거당할 것을 예상하고 당을 결성하여 그를 제거할 계획을 세웠는데, 이러한 형세는 동과 서로 군대를 나누었고 게이초 5년(1600) 9월 15일 동(미쓰나리 측)군 10만과 서(이에야스 측)군 8만으로 나뉜 양 군대는 미노쿠니(美濃国)의 세키가하라(関が原)에서 세기의 대규모 전투를 치른다. 이 전투에서 동군의 이에야스가 승리하였고 이로써 일본의 전국(戦国)시대가 사실상 막을 내린다. 그리고 게이초 8년(1603) 이에야스에 의해 에도막부(江戸幕府)시대가 열린다.

이처럼 이에야스는 1603년 쇼군에 임명되어 명실상부한 천하인이 되었지만 여전히 문제는 남아 있었다. 배후에는 세키가하라 전투 이후 영토문제와 여전히 히데요시의 아들 히데요리를 섬기는 도요토미 가신 출신 다이묘들의 존재를 무시할 수 없었던 것이다. 이후 히데요리가 있는 오사카성에 낭인(浪人)이 된 수만 명의 무사들이 집결하며 오사카성에서 농성을 벌였다. 결국 이에야스의 군사는 오사카성을 공격한다. 이를 게이초 19년(1614)에 일어난 오

세키가하라 전투 (출처: Wikipedia)

사카(大阪) 후유노진(冬の陣)이라고 한다. 도요토미의 군사 10만 명, 도쿠가와의 군사 20만 명의 대군이 맞선 전투였다. 하지만 견고하기로 유명한 오사카성을 함락시키지 못한 채 같은 해 12월에 도쿠가와 이에야스는 도요토미가와 화의(和議)를 맺으며 후유노진은 막을 내린다. 하지만 이후 게이초 20년(1615) 다시 한번 동과 서로 나뉘어 전투가 일어나는데 이를 오사카(大阪) 나쓰노진(夏の陣)이라고 한다. 도요토미의 군사들은 방어전에 힘을 다했지만 이기지 못하고 5월 8일 오사카성은 함락된다. 결국 히데요리 모자(母子)가 자결하면서 도요토미가는 역사 속으로 사라진다.

많은 역사학자들은 이에야스가 승리한 이유에 대해 강력한 화포 장비를 보유하고 있었기 때문이라고 한다. 도요토미 측의 불온한 움직임을 감지한 이에야스가 다이묘들에게 출진을 명한 것은 게이초 20년(1615) 4월 초순경이다. 하지만 이에야스는 3개월 전인 1월 오사카 후유노진을 치른 후, 구니토모 뎃포 제작소에 대량의 뎃포 제작을 명령했다고 한다. 게이초 19년(1614)에 도요토미

오사카 나쓰노진도병풍(大阪夏の陳図屛風)(출처: Wikipedia)

가와 맺은 화의(和議)는 오사카성을 함락시키기 위한 술수였고 그 배후에는 오미(近江)의 구니모토 뎃포 제작소에서 제작된 대통(大筒) 뎃포의 역할이 컸던 것이다. 도요토미 세력의 숨통을 끊기 위해 대량의 뎃포 장비를 전술적으로 유효하게 구사한 이에야스는 이후 에도막부의 기반을 재정비하면서 일본 중세 역사는 여기서 막을 내린다.

덴몬 12년(1543) 일본에 전해진 뎃포는 전국시대부터 에도시대 초기에 이르기까지 수많은 전투에 투입되었고 군사적 역할을 해왔다. 하지만 합전(合戦)이 없어진 에도시대에 들어서면서, 뎃포는 실전에서 분리된 군역(軍役)과 포술무예라는 틀 안에서만 유지되었다. 사실상 더 이상의 뎃포 개발과 발전은 멈추었고 이로써 중세의 폐막과 함께 뎃포의 역사도 마지막을 맞이하게 되었다. (이상원)

바다를 건너온 신문물, 유행을 선도하다

-개항장 부산의 소비 공간과 소비문화*

1876년 개항과 함께 조선 사회는 정치 · 사회 · 경제적으로 상당한 변화가 일어났고 그에 동반하여 문화적으로도 변화의 바람이 불기 시작했다. 첫 개항장이자 일본과 지리적으로 가장 근접한 부산에는 개항 이후 기존의 초량왜관을 중심으로 일본 거류지가 설치되었다. 이곳은 일본인의 거주와 상업을 위한 영역이었고 그들이 식민 지배자로 세력을 떨쳤던 권력의 공간이었다. 외관은 마치 일본의 작은 마을을 그대로 옮겨놓은 것 같았으며 지배 집단인 일본인들의 우월감과 상징성이 반영되어 있었다. 이른바 식민성이

* 이 글은 2020년 2월 『항도부산』 39집에 게재한 논문을 본 총서의 취지에 맞게 수정한 것이다.

담보되어 있는 공간이었다. 그럼에도 불구하고 이곳은 근대로의 이행과 더불어 곳곳에서 새로운 문화적 변화가 포착되었다.

부산 일본 거류지의 도시경관

일반적으로 도시는 공간으로서 존재하고, 그 공간은 균질성을 만들어냄과 동시에 다른 한편으로는 균질성의 제어를 받으면서 다양한 중층적인 관계-결합을 만들어낸다. 도시에는 서로 알지 못하는 수많은 사람들이 모여들어 도시적 대인관계의 규칙이나 도시적 생활양식, 혹은 도시 생활의 리듬을 형성하게 된다. 그러므로 도시는 다양성, 중층성을 특징으로 한다. 그리고 끊임없이 유동한다. 여기서 '근대' 도시가 태동하였다.

1876년 개항 이후 부산은 말 그대로 '조선 속의 일본', 즉 식민지 도시로 변모하였다. 이러한 부산을 당시 미국인 선교사 알렌은 다음과 같이 표현하고 있다.

> "부산은 완전히 왜색 도시이다. 도시 변두리로 가지 않고는 조선 사람이라곤 거의 찾아볼 수 없을 정도이다. 일본인은 아주 우아한 백색건물을 영사관으로 사용하고 있었다."(1884년 9월 14일)
>
> -Horace N. Allen 저 · 김원모 역, 『알렌의 일기』, 단국대 출판부, 1991, 22쪽.

러시아 참모 본부 소속 육군 대령이었던 카르네프는 1885년부터 1896년까지 조선 전역을 여행하며 풍물과 문화, 모습에 대한 기록을 남겼다. 그가 처음 마주한 부산의 모습은 알렌과 크게 다르지 않았다. 그의 기록에는 일본인 거류지의 상점가가 상세하게 묘사되어 있다.

> 일본인 거리는 부산의 작은 만 서쪽 해안에 있었다. 그곳에는 창고들이 이어져 있는 작은 세관 건물이 들어서 있었고, 그 옆으로는 일본 우선회사 사무소가 나란히 서 있었다. 세관에서 서쪽으로 가면 보도에 나무를 깔아놓은 큰 거리가 있었다. 그곳에는 일본 미용소, 여관, 일본과 유럽에서 생산된 여러 가지 상품들을 파는 2층짜리 상점들이 죽 들어서 있었다. 이 상점에서는 등불, 식기, 부채, 지갑, 일본산 직물, 가위, 칼, 신발 등등을 팔았다. 거리 끝에는 일본 우체국과 전화국이 있었다. 서북쪽으로는 돌로 포장된 다른 큰 거리가 뻗어 있었다. 그 길을 따라가면 조선과 일본 상점들이 있었는데, 그 상점들에서는 소금에 절여 말린 명태, 조선산 목면, 점토와 무쇠 그릇들, 반짝거리는 금속 파이프, 긴 담뱃대용 갈대줄기 등을 팔고 있었다. 그 길을 따라가면 일본 다다미 제작소 등이 들어서 있었다. 서쪽으로 조금 가면 골목이 하나 나오는데, 이곳에 일본 병영과 붉은색으로 칠해진 일본영사관이 들어서 있었다.
>
> –카르네프 外 저 · 김정화 外 역, 『내가 본 조선, 조선인』, 가야넷, 2003, 25쪽.

카르네프가 본 부산의 모습은 사쿠라이 군노스케의 여행기에서 그대로 재현되고 있다. 사쿠라이는 청일전쟁을 즈음하여 취재 목적으로 조선으로 건너왔다.

> 부산의 일본 거류지에는 이같이 호구수도 많고 인구도 많다. 그래서 살아가는데 필요한 기관은 모두 갖추어져 있다. 제국총영사관, 경찰서, 동아무역신문사, 우편전신국, 공립공원 등이 있고, 일본우선회사, 오사카상선회사, 제일국립은행, 제백국립은행 등의 지점이 있다. 조선어학교, 공립소학교, 혼간지 별원도 있다. 이러한 기관들은 완전하다고까지는 할 수 없지만, 또한 불완전하다고도 말할 수 없다. 숙박시설도 비교적 갖추어져 있다. 오이케〔大池〕, 도요타〔豊田〕, 츠요시〔津吉〕, 고지마〔小島〕, 마츠노〔松野〕, 후쿠시마〔福島〕 등이 모두 깔끔히 정돈되어 여행자가 편히 쉴 만하다. 숙박료는 매우 싼데도 일본 국내의 숙박시설과 별다른 차이점이 눈에 띄지 않는다. 음식점은 도쿄로〔東京樓〕와 게이한테이〔京阪亭〕를 최상으로 친다. 일반 손님이 가득 들어차서 가무와 악기 소리로 밤새 시끌벅적하다. 대개 재류인들은 요란스럽게 놀려고 하는 것처럼 보인다.
>
> -사쿠라이 군노스케 저, 한상일 역, 「조선시사」, 『서울에 남겨둔 꿈』, 건국대출판부, 1993, 270쪽.

이상에서 볼 수 있듯이 부산의 일본 거류지에는 시가지의 공간적 구조에서 거의 일본의 그것과 다를 바 없는 일본적인 성격이 두드러졌다. 공간 구조의 변화는 도시문화생활 전반에 영향을 끼

쳤다. 거류지에는 행정과 상업시설뿐만 아니라, 신사, 사찰, 극장, 유곽 등의 문화시설도 등장하였다. 비록 식민도시라는 것에서 불균등성이 전제되어 있었지만.

근대 도시의 소비 공간

근대는 도시의 형성과 더불어 삶의 형식을 획기적으로 바꾸어 갔다. 개항 이후 조선에 등장한 개항장 도시들은 서서히 근대적 외관을 갖추어 갔지만, 지배와 피지배의 관계 속에서 비대칭적 불균형으로 이루어진 식민지 도시의 전형들이었다. 하지만 화려한 볼거리와 더불어 개조와 문명의 이름으로 들이닥친 근대는 '식민지 도시'의 우울한 경관을 관통하여 사회 곳곳에 침투하였다.

일본 거류지에는 서양식의 건물과 일본식 건물이 섞여 있고 그 외곽에는 조선인 주거지가 혼재하게 된다. 새롭게 만들어낸 공간에는 각종 공공 건물들과 은행, 회사, 학교, 상점 등이 들어서서 외관상으로는 근대적 면모를 갖추었다. 그러나 이러한 거류지 내의 변화는 지배자(일본인)/피지배자(조선인)의 거주 공간의 이분화를 바탕으로 하는 식민지 도시 건설의 기획 속에서 이루어졌다. 이때 부산의 개항장은 전통과 근대가 공존하고 식민자와 피식민자의 권력관계가 접합되는 중층성을 띠게 된다.

그러나 무엇보다도 이곳은 이 모든 것을 뛰어넘는 근대적 욕망이 꿈틀대는 곳이기도 했다. 도시 소비문화의 중심지가 바로 이곳이었다. 거류지에 우후죽순으로 들어선 상점들로 부산은 생활의 공간에서 점점 거대한 상품 전시장으로 변화해갔다. 이에 동반한 소비 행위의 증가는 자연스러운 현상이었다. 흔히 소비는 경제적 행위만을 의미한다고 알고 있지만, 그것이 일어나는 시간과 공간을 반영하는 문화적인 현상이라고도 할 수 있다. 따라서 소비 행위는 지역사회 제반의 사회, 경제, 문화적 특질들을 필연적으로 반영한다. 개항과 함께 자본주의 경제체제에 돌입하게 된 식민도시 부산은 과거와는 다른 새로운 소비문화가 형성되기 시작하였다.

그런데 식민도시는 식민 모국의 경제적 공간이 '확대되는' 곳이기도 하다. 일본은 타민족이 살고 있는 장소에 이질적인 일본의 생활양식을 그대로 가지고 들어간다는 특징이 있다. 예를 들어 일본과 비교하면 기후 풍토, 습관, 인정 등이 다른 외국에까지 일본에서의 생활양식을 그대로 이식하여 가지고 가는 경우가 많았다. 일본인은 다른 풍토 속에서 '일본적'인 것을 계속 고집하였다. 그래서 식민지에 이주한 다수의 일본인은 일본식의 주택에서 살고 일본적인 생활방식을 고수하였다.* 그렇기 때문에 당시 부산은 일본의 한 도시를 그대로 옮겨놓은 것 같은 인상을 주었던 것이다. 상품의 판매 방식이나 품목 또한 일본의 그것과 크게 다르지 않았다.

---

* 橋谷弘, 『帝國日本と植民地都市』, 吉川弘文館, 2004, 199~120쪽.

조선에서 유망한 상품은?

개항 이후 일본에서는 조선으로 건너와 사업을 하려는 일본인들에게 유망한 상품을 제시하였다. 첫 번째가 각종 직물이었다. 조선인 남성들은 무지 · 무색, 여성은 견직물 · 화려한 염색을 좋아하니 그에 맞춰서 각종 직물을 판매하라고 하였으며, 메리야스와 화이트 셔츠 등 각종 셔츠의 판매도 상당하다고 하였다. 뿐만 아니라 양복의 수요가 증가함에 따라 견직물로 된 행커치프와 봉제실의 수요 또한 증가하고 있었고, 가방, 구두, 모자, 회중시계 및 손목시계, 안경 등의 소비도 늘어갔다. 화장용 비누와 세안용 비누가 따로 판매되고 있었고, 손거울은 조선인들이 거의 모두 휴대하는 습관이 있으므로 주요 판매 대상이 된다고 하였다. 대표적인 일상생활용품인 수건의 경우에도 일본 제품을 더 염가로 하여 세련된 디자인을 만들어 내면 장래 유망 상품이 될 것이라고 선전하였다. 여기서 제시한 물품들은 개항과 더불어 근대의 물품으로서 부산항에 전해진 것들이며 당시 소비문화의 선두에 서 있던 것이라고 할 수 있다. 한편 외식의 탄생과 함께 상업적 전문음식점도 새롭게 등장하였다. 부산에는 일본음식점은 물론 서양음식점까지 등장하여 사람들의 구미를 당기고 있었다.

유행의 선두주자, 의류

일본 거류지에는 일본식 기모노를 파는 오복점(吳服店)과 서양식 맞춤 정장을 주로 취급하는 양복점이 있었다. 오복(吳服)은 일반적으로 일본 전통 옷감의 총칭으로 사용되기도 하고 견직물을 지칭하기도 한다. 일본 사전에도 기모노용 직물의 총칭 또는 견직물, 면직물, 마직물의 총칭이며 고대 중국 오국(吳國)에서 전해진 직조 기술에 따라 만들어진 능직물을 오복이라고 한다고 적혀 있다. 한마디로 오복점은 일본 전통 의복을 만드는 각종 직물 및 완제품과 그에 어울리는 장신구들을 판매하는 상점이라고 할 수 있다. 이들 상점은 주로 17세기 에도(江戶)시대 초기에 교토, 오사카 등 대도시에서 생겨났다. 그 이전 교토의 오복상들은 거리에서 물건을 팔았다고 한다. 오복의 유통은 중매상과 도매상을 통해 소비자에게 건네지는 구조였지만, 오복점이라고 했을 경우는 대부분 소매점을 말한다. 일본뿐만 아니라 조선에서도 1910년대 중반 이후 몇몇 대형 오복점이 백화점으로 발전하기도 하였다.

부산이 개항된 후 일본 거류지 중심가에는 많은 상점이 설치되었는데 그 가운데서 오복점과 양복점은 비교적 초기부터 상권을 형성하기 시작하였다. 의복의 변화는 도시의 새로운 생활양식의 시작이기도 하였다. 우리의 일상생활에서 양식의 변화를 가장 잘 보여주는 것은 옷이다. 겉으로 드러나는 의복은 입는 사람의 정체성을 드러내는 것이며 내면을 표출하는 것이기도 하다. 부산으로 건너온 일본인 또는 그 속에서 일본인들과 함께 생활하던 조선인들이 매일 마주한 '패션'의 변화는 시각적으로 사회의 변화를 느끼게 하는 것과 함께 타자의 내면과 외적 행동을 이해하는 데 핵심이 될 수 있다.

조선적인 것과 일본적인 것의 '섞임의 공간', 거류지에서의 유행의 침투는 일본인과 조선인을 가리지 않았다. 예컨대 부산의 조선인 사이에서 일본제 부채가 유행하고 있었고 이를 서울 사대부들도 애용하고 있다거나, 조선인 중에서도 일본 복장을 하고 일본어를 꽤 잘하는 사람이 있어 일본인들도 전혀 조선인이라 생각하지 못할 정도의 사람도 있었다. 일본인들 또한 일본 내에서 유행하는 것에 굉장히 민감하게 반응하여 최신 상품들이 바로바로 부산항으로 유입되고 있었다. 시각적인 것은 근대 도시문화의 변화 과정에서 중요한 지점이다. 옛것과 새것 사이, 전통과 근대성 사이의 대비가 만남의 광장인 도시의 거리에서 변화된 도시경관과 함께 직접 관찰되었다.* 온갖 유행하는 것들이 이곳에 있었다. 의복은 물론, 구두, 화장, 그에 걸맞은 액세서리 등 일본에서 유행하는 것은 식민지에서도 굉장히 적극적이고 빠르게 선택되어 수용, 전파되었다.

1910년 강제병합 이전 일본 거류지 내 주요 오복점은 오오에(大惠), 이이다(飯田), 우에다(上田), 야마모토(山本), 기모토(木本) 등이었다.** 야마모토오복점은 1886년 일본 거류지 내 행정(幸町)에서 시작되었다. 야마구치현 출신으로 1884년 조선으로 건너온 야마모토 분조(山本文藏)는 1885년부터 장류 양조를 시작하였고, 1886년에 오복점을 개업하였다. 1887년에는 아들 준이치(山本純一)가 도항하여 부친의 가업을 이어 받아 경영하였다. 준이치는 1897

* 마이크 새비지 · 알렌 와드, 김왕배 · 박세훈 역, 『자본주의도시와 근대성』, 한울, 1996, 155~156쪽.

** 『朝鮮之實業』 제1호, 1905.5.20, 5쪽.

년 무렵 부산의 주요 일본인 상인 39명 중 한 사람으로 이름을 올릴 정도도 가업을 성장시켰다. 1908년에는 준이치의 아들 라이노스케(山本賴之助)가 가업을 이어받아 계속해서 사업을 확장하였다. 오오에오복점은 용두산 변천정 입구의 돌계단 바로 정면에 위치하고 있었다. 이곳은 특히 친절한 서비스로 고객을 모았으며, 일본 각지의 특산품 및 진귀한 직물을 다수 입하하여 진열하고 있어 부인들의 출입이 빈번한 곳이었다. 1916년 10월 미나카이(三中井)오복점에 인수되었는데, 1926년 미나카이오복점은 서양식 3층 건물로 점포를 신축하고 부산 최초의 최신식 백화점으로 발전하였다.

한편 조선에서는 관복의 간소화와 갑오개혁에서의 의제 개혁 및 1895년 단발령을 계기로 상류층, 지식인들을 중심으로 양복 착용이 시작되었다. 이에 따라 부산항에도 양복점들이 속속 등장하였다. 양복점은 '양복을 만들거나 파는 가게'로서 양복의 제작소 혹은 판매점을 의미한다. 따라서 양복점은 양복상이라 불리기도 하였다. 보통 양복이라 하면 남성복만을 제작하는 것으로 알고 있지만, 당시에는 서양식의 여성복, 아동복도 함께 제작, 판매하였다. 부산의 주요 양복점은 스야마(陶山), 고쿠분(國分), 조지야(丁字屋), 야마네(山根) 등이었다. 양복점은 기본적으로 양복 제작 기술을 이해하고 있거나 양복을 제작해온 사람들이 주로 운영하였다. 부산의 대표적인 양복상인 스야마상점의 점주 스야마 타로(陶山太郎)는 1892년 본정 1정목에 양복점을 차렸다(1905년 변천정 3정목으로 확장 이전). 도쿄 긴자의 유명 양복점에서 기술을 배웠고, 이후 부산으로 건너와 양복점을 운영하면서 직접 양복 봉제사로 새로운 무늬의 양복지와 각종 의류를 직접 디자인 제작하여 공급하였다.

바다 건너온 도쿄의 최신 유행, 잡화

양복의 유행으로 인해 구두, 안경, 시계, 양말, 커프스 등 양복 부속품의 소비도 자연스럽게 증가하게 되었다. 이러한 부속품을 주로 판매하던 곳이 잡화점이었다. 1905년경 부산의 일본인 가운데 94명이 잡화상을 하고 있었고, 30명 정도가 시계상, 방물상, 신발가게, 장신구 판매상 등에 종사하고 있을 정도로 잡화의 수요는 대단하였다.

잡화점은 일본 거류지 본정에서 변천정에 이르는 사이에 주로 산재해 있었으며, 시바타(柴田), 사이토(齋藤), 다케스에(武末), 다카노야(高野屋), 후쿠에이상회(福榮商會), 후지이분페이상점(藤井文平商店) 등이 가장 인기 있었다.

오사카 신사이바시에 본점을 둔 노노무라난고[野野村南號]의 한국대리점 후지이분페이상점에서는 모포, 면포, 수건, 성냥, 안경, 향수, 비누, 서양종이류, 칠기류 등을 취급하였다. 이 상점은 아예 조선인을 대상으로 한다는 광고를 내걸고 잡화 세트를 판매하였다. '화양(和洋)' 잡화상 후쿠에이상회는 부산 장수통 중앙에 위치한 서양식 2층 건물의 상점이었다. 이 상점 또한 도쿄 미루젠상회(丸善商會)의 부산지점으로 영업을 하고 있었다. 점주 미와 쇼지로(三輪初治郎)는 연말 대매출은 물론 박리다매, 경품 행사 등을 통해 수익을 올렸다. 도쿄에서 최신 유행 상품을 골라 수입하여 판매하는 '도쿄주의'의 이 가게는 화려한 점두 장식과 물품들을 은제 진열장에 넣어 판매한 것으로 유명했다. 취급 품목은 모자, 양산, 모포, 셔츠, 구두, 양말, 양복 부속품, 금은제 안경 및 반지류, 비누,

치약, 완구 문방구, 서양소간물 각종, 고급 화장품, 도쿄 최신 소간물 각종, 도쿄 풍월당(風月堂) 서양과자, 도쿄 최신 유행품 일체를 판매하였다.

후쿠에이상회는 전국적 규모의 잡지에 자주 광고를 하였기 때문에 목포, 군산, 원산 기타 방면에서도 주문이 많았다. 후쿠에이상회의 경우를 통해 볼 때, 상점의 규모에 따라서 일본으로부터 들어오는 물건의 집산지인 부산에 거점을 두고 전국을 대상으로 상업을 하는 경우도 있었을 것으로 추측할 수 있다. 변천정 3정목에 위치한 시바타 양물점(洋物店)은 서양 잡화를 주로 취급하였다. 여행용 화장도구, 향수, 향유, 화장용 백분, 치약, 거울, 쌍안경, 나이프, 담배 파이프, 사진첩, 셔츠, 양복, 유행 모자, 마차 장식, 모포, 양산, 부인용 메리야스, 양말, 브러시 등이었다. 이곳은 말 그대로 생활필수품부터 사치품까지 온갖 것들이 모여 있는 '잡화점'이었다.

이러한 상품의 소비를 더욱더 촉진시키기 위해 부산상업회의소에서는 상품진열관을 오픈하였다. 1904년 준공된 부산상품진열관은 상품을 진열하고 소비를 촉진하기 위한 목적으로 설립되었는데, 신제품을 한번에 만나볼 수 있는 곳이라는 점에서 사람들의 호기심을 자극하였다. 1905년 개관 이래 일본인뿐만 아니라 조선인들이 생각보다 많이 참관하여 하루 평균 3~4천 명을 상회하였다. 상품진열관 참관 후 자연스럽게 그 부근에 집중되어 있는 잡화점으로 발걸음을 옮기도록 유도하여 잡화점이 호황을 누리기도 했다.

후쿠에이상회
(1905년경)

야마모토오복점
(1930년대)
서양식 건물 앞
흰색 도포를 입고
갓을 쓴 남성의
모습이 이채롭다.

새로운 맛, 일식에 대한 호기심

음식 또한 문화이다. 사회의 변동은 음식 문화의 변화를 불러일으킨다. 음식은 '맛'이라는 원초성으로 국민국가의 형성과 국민정체성을 상징하는 요인이 되기도 한다. 음식문화는 각 민족들이 이주해 간 현지 환경에 대한 적응과 이주자 공동체의 성격, 본국과의 접촉 정도 등에 따라 그 정체성의 보존이나 변형 정도가 결정된다.* 일본인들의 이주와 함께 거류지에는 다양한 일본음식점들이 속속 들어섰고 아울러 서양음식점도 생겼다. 외식문화가 거의 없었던 때에 등장한 전문음식점은 그 자체가 새로운 소비문화의 탄생이었다. 새로운 맛에 대한 호기심은 시대와 세대를 불문한다.

근대적 형태의 일식, 서양식 등 전문음식점은 개항 이후 등장하지만, 부산 근처의 조선인들에게 일본의 맛은 그리 낯선 것은 아니었다. 이미 개항 이전부터 부산에서는 일본 음식이 어느 정도 유행하고 있었던 것 같다. 전근대 시기 초량왜관은 일본의 교류가 활발한 곳이었기에 양국의 생활문화, 풍속 등이 상호 영향을 끼치고 있었다. 예컨대 이학규가 김해에 유배되었던 시절에 쓴 『낙하생전집(洛下生全集)』(1809)의 「초량왜관사(草梁倭館詞)」, 「금관죽지사(金官竹枝詞)」 등에는 초량왜관의 일본인들이 조선에 어떠한 영향을 끼쳤는지 기술되어 있다. 19세기 전반 김해 지역에서는 일

* 이종수, 「조선시대 부산과 왜관의 음식문화 교류와 변동 분석」, 『해항도시문화교섭학』 14, 2016, 193~195쪽.

본산 물품을 사용하는 부호들이 많았다. 이들은 붉은 칠이 된 우산을 썼으며 일본도를 차고, 일본산 고급 미농지에 글을 쓰고 그림을 그렸다. 일본산 접부채를 들고 일본풍의 도박을 하는 사람도 있었다. 일본 음식도 널리 퍼졌다. 이러한 일본풍은 왜관 주변에 더욱 뚜렷하게 나타났을 것이다. 조선인 관리가 왜관에 들어가면 일본 측은 일본 음식을 접대하였는데, 그 가운데 가장 인기 있는 요리가 승가기(勝歌妓), 즉 오늘날의 스키야키였다. 때에 따라서는 대마도산 우동면을 신선로에 끓여 먹기도 했다.* 왜관을 통해 유입된 일본 물품과 문화의 확산은 부산 사람들의 생활에 깊은 영향을 주었다.

'레스토랑'에서 즐기는 경양식

1881년 부산 거주 일본인 가운데 음식점업에 19명, 요리옥에 13명이 종사하고 있었는데, 1905년 무렵에는 요리옥은 거의 그대로지만 음식점업 종사자가 53명으로 크게 증가하였다. 당시 요리점과 음식점은 구별되었다. 부산에는 1883년 동경정(東京亭)이라는 요리옥을 시작으로 1885년에는 크고 작은 요리점 18호가 영업을 하고 있었다. 부산루(釜山樓), 안락정(安樂亭)은 대표적인 요리옥인데, 이들은 일반 음식점과 달리 예기를 고용하여 유곽 영업을 하였다. 이러한 유곽 또한 개항장 도시 부산이 가진 새로운 도시문화

* 김성진, 「부산왜관과 한일간 문화교류」, 『한국문학논총』 22, 1998, 61~64쪽.

라고 할 수 있다. 과자상은 92명이나 되었다. 다만 서양 음식점은 이들에게 새로운 문화였다. 거류지 내의 대표적인 서양 음식점은 고쿠라안(小倉庵)과 신도(新堂)였다. 고쿠라안에서는 서양 음식을 즐길 수 있을 뿐만 아니라 당구장이 부속되어 있어 오락의 기능을 겸비하였다. 서양 요리점은 친목회, 송년회, 만찬회 등 각종 연회가 개최되던 곳이기도 했다.

1905년 서정(西町) 3정목에 개점한 서양 음식점 프랜드테이[フランド亭]의 메뉴는 수십 가지였는데, 대표적으로 각종 수프, 생선프라이, 커틀릿, 크로켓, 오믈렛, 햄, 슈니첼, 카레라이스, 스테이크류를 주로 판매하였다. 식사를 마치면 홍차나 커피가 디저트로 제공되었다. 서양 요리점이라는 간판을 내걸었지만 메뉴의 대부분은 지금 우리가 경양식으로 부르는 것으로, 일본과 서양 절충식 요리였다. 서양 요리는 카페에서도 맛볼 수 있었다. 행정 사안교(思案橋) 모퉁이에 자리 잡고 있던 모리커피점[森コ-ヒ-店]은 '삿포로맥주 홀'을 갖추고 경양식을 제공하던 곳이었다. '실내청결, 요리정선, 조리신속'을 특색으로 내세웠다. 커피의 경우 조선인 상류층 및 왕실에서도 기호품으로 즐기던 것이었기에 유망한 사업 중 하나였다.

새로운 소비문화의 향유자

개항 이후 옛 초량왜관을 중심으로 주변에 일본 거류지가 들어서고 많은 일본인들이 부산으로 건너와서 상업에 종사하였다. 이러한 현상은 시간이 갈수록 더욱 심화되어 번화가에는 근대적 상업시설들이 우후죽순으로 생겨났다. 패션의 선두주자 의복과 여러 생활 잡화를 파는 가게, 일식, 양식 등 이제까지 쉽게 접하지 못한 전문음식점들이 거리를 가득 메웠고, 이러한 것들은 새로운 소비문화를 만들어냈다. 상점은 더 많은 이윤을 남기기 위해 화려한 장식과 상품진열, 경품행사, 바겐세일 등의 영업활동을 하면서 사람들의 이목을 집중시켰다.

그렇다면 새로운 소비문화를 향유할 수 있었던 계층은 누구였을까. 일본 거류지는 일본인들의 공간이었기 때문에 주로 일본인들이 소비문화의 향유자이지 않았을까. 그러나 그 공간과 문화 속에 조선인들이 아예 없었던 것도 아닐 터이다. 일본인들의 입장에서도 다수의 조선인을 대상으로 상업을 하는 것이 훨씬 더 큰 이익이 되는 것은 당연하였다. 그렇기 때문에 식민지 도시 공간과 문화를 이야기할 때 향유자는 식민자들이고 원주민들은 여기에서 완벽히 소외된 자들이라고 단순히 이분법적으로 논할 수 없다. 식민지 도시는 필연적으로 식민자와 원주민들의 '섞임'과 '혼재'가 있을 수밖에 없다. 그러나 '섞임'과 '혼재'에는 서로에 대한 '경계'와 '배제', 그에 따른 '불균등성'도 분명 존재한다. 이런 관점에서 식민성을 담보한 근대적 소비문화의 발전은 시작부터 불균등할 수밖에 없다. 물론 상품별로 조선인들의 소비가 다르게 나타날 수는 있다. 예컨대 양복점의 경우 조선인 상류층 및 고위 관료 출신들이 이용한 것으로 볼 수 있으며, 서양 요리점 역시 친목회, 송년회, 만찬회 공간으로 활용되었기에 일반 조선인보다는 상류층들이 주로 이용했을 것이다. 그러나 누구나 싼 가격으로 쉽게 새로운 문물을 손에 넣을 수 있던 잡화점의 유행 상품들은 조선인 일반의 근대에 대한 욕망에 불을 지른 것이었음에 틀림없다. (이가연)

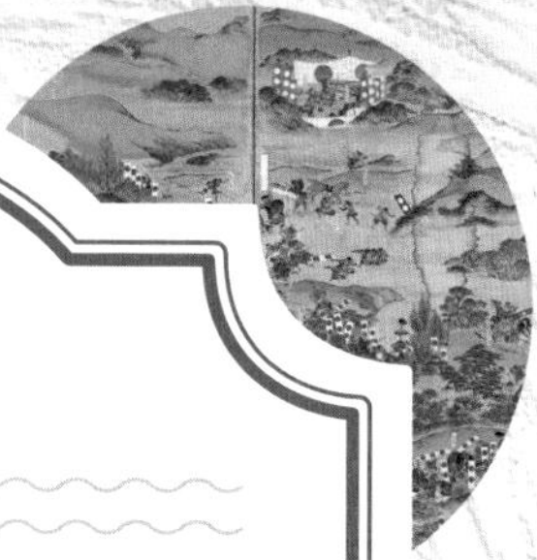

2부

맛을 찾아 항구를 떠나다

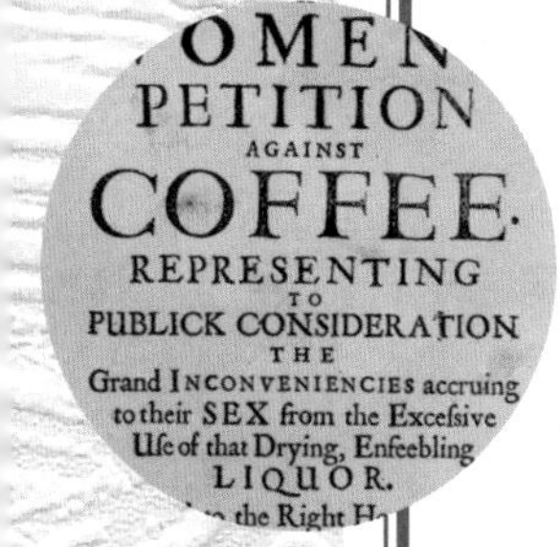

이국적인 맛,
동양의 향신료를 찾아서

인류는 역사 기록 이전부터 향신료를 사용해왔다. 향신료는 먹는 즐거움에 봉사해왔지만, 오래전 향신료는 신에게 가까이 가기 위한 향료로, 때로는 신비한 미약으로 그리고 치료제로도 사용되었다. 향신료의 역사에서 중요한 점은 유럽에서는 고대부터 특히 이국적인 동양의 향신료에 대한 관심이 컸다는 사실이다. 유럽인들에게 동양 향신료의 원산지는 오랫동안 베일에 가려져 있었기에 유럽인들은 향신료를 파라다이스의 산물이라 믿었다. 또한 강렬한 맛과 향을 지닌 계피, 후추 그리고 정향과 육두구처럼 동양에서 오는 향신료는 미각과 후각에 대한 인상적인 자극을 넘어 상징적인 의미가 강했다.

고대부터 유럽에서 동양의 향신료는 중산층이나 빈곤층은 꿈도

꾸지 못할 정도로 비쌌다. 동양에서 출발한 향신료가 기나긴 여정을 통해 유럽 소비자의 손에 도달할 때는 상상할 수 없을 정도로 값이 올랐기 때문이다. 향신료는 부와 신분의 상징이었으며, 따라서 요리의 맛을 위해서라기보다는 자신의 부를 과시하기 위해 요리에 향신료를 듬뿍 넣어 제공하였다. 십자군 원정 이후에는 입으로 들어가는 모든 것에 향신료를 넣었는데, 역사가들은 이 시기의 향신료에 대한 열광을 '양념 중독', '양념의 광기'라는 말로 표현하고 있다.

이처럼 아주 오래전부터 동양의 향신료는 동서교역의 중요한 품목이었다. 향신료는 육로보다는 주로 동남아시아와 인도양 그리고 페르시아만과 홍해를 잇는 바닷길을 통해 지중해 연안과 유럽 북쪽 지역까지 흘러들어 갔다. 따라서 향신료 무역의 역사를 따라가면 동서 교류의 역사가 그대로 드러난다. 15세기 유럽의 여러 국가가 향신료의 나라 인도와의 직접적인 교역을 위해 새로운 항로를 찾아 나선 것도 막대한 경제적 이익을 낳는 향신료 무역을 독점하기 위해서였다.

동양의 향신료-후추, 계피, 육두구, 정향

오늘날 세계적으로 가장 많이 쓰이는 향신료 가운데 하나인 후추는 인도에서 먼저 사용했다. 후추는 기원전 6세기경 유럽에 소개되어 곧바로 음식에 사용되었으며, 고대 로마에서 후추가 거둔 성공은 대단했다. 고대 로마를 침공했던 고트족들 또한 후추의 가치를 알고 이를 공물로 요구하기도 했다.

중세에도 후추의 인기는 대단했다. 육식을 기본으로 하는 게르만의 식탁에서 후추는 빠질 수 없었다. 그러나 중세에 후추는 누구나 접근할 수 있는 것이 아니었다. '후추처럼 비싼(cher comme poivre)'이라는 프랑스의 관용적 표현도 이 당시에 생겨났다. 후추는 너무나 비싸 화폐로 종종 사용되었고 '검은 금'으로도 불리었다. 후추는 봉건영주에게 내는 세금이나 벌금으로 또는 결혼 지참금으로 쓰였다. 프랑스 남부 지방의 아를에서는 '배신자 유대인'들이 부활절 직전 일요일인 성지주일 축제 때 자신들의 보호를 요청하기 위해 20파운드의 후추를 지역에 납부하기도 했다.

계피는 문헌상으로 가장 오래전 언급된 향신료이다. 기원전 2700년경에 고대 중국의 신농 황제 시대의 문헌에 계피가 등장한다. 로마의 네로 황제는 그의 애첩 사비나가 죽었을 때 중동에서

계피나무의 속껍질인 계피(cinnamon)와 계피가루(출처: Wikipedia)

들여오던 계피 1년치 분량을 모두 태워 화염 속에 피어오르는 가득한 향기로 그녀의 죽음을 애도했다는 기록도 있다.

오랫동안 유럽에서는 계피의 원산지를 알지 못했다. 당시 유럽인들이 향신료를 파라다이스의 산물로 보고 있었다는 점이 드러난다. 혹자는 계피가 생강, 후추와 더불어 파라다이스에서 자라고 이것들이 강물을 타고 흘러내려 와, 이집트의 어부들이 나일강에서 그물로 건져 올린 것으로 생각하기도 했다.

로마시대부터 계피는 만병통치약으로 여겨져 몸을 따뜻하게 데워주고 소화를 도우며 시력을 회복시키고 독사에 물렸을 때 해독 효과가 있는 것으로 알려졌다. 특히 계피는 힘을 북돋워주는 강장제로서 전투에 나가기 전 먹으면 하루 종일 강한 체력을 유지할 수 있다고 했다. 16세기 프랑스의 작가 프랑수아 라블레는 『팡타그뤼엘』에서 십자군 병사들이 계피로 향을 돋운 향신료 포도주를 즐겨 마셨다고 묘사하고 있다.

육두구(nutmeg)는 인도네시아 말루쿠 제도의 반다 섬이 원산지이다. 육두구가 유럽에 알려진 것은 7세기경 이슬람 상인들에 의해서다. 육두구는 이들에 의해 인도네시아 말루쿠 제도에서 말레이반도의 말라카로 건너와 기나긴 항해와 험난한 육로를 통해 유럽에 들어왔다.

육두구는 소화를 돕고, 심장과 두뇌와 위를 튼튼하게 하며 장내에 가스가 차지 않게 하는 효과가 있는 것으로 여겨졌다. 심지어 영국에서는 엘리자베스 1세 여왕 시절 런던의 한 외과의사가 육두구를 담은 향주머니가 유일한 페스트 치료법이라고까지 주장하기도 했다. 당시 이러한 육두구의 약재로서의 효능에 대한 과신이 육

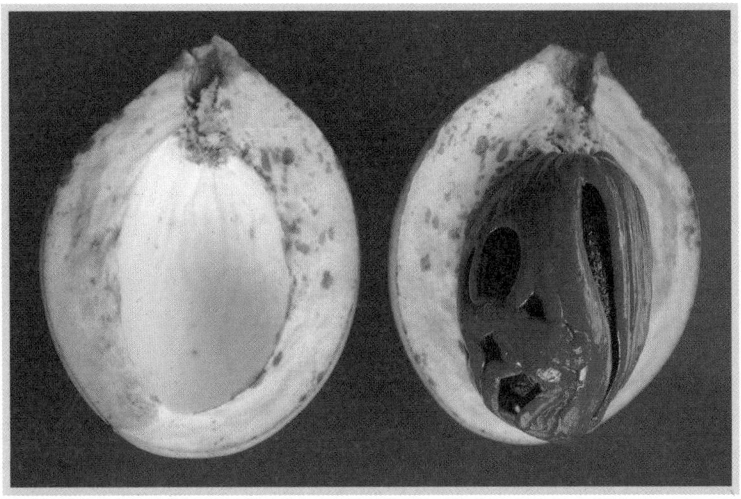

육두구는 열매의 씨앗이다. 씨앗을 감싸고 있는 빨간 그물은 메이스라 불리고 향신료로 사용된다.(출처: Wikipedia)

두구에 대한 열망을 당연히 부추겼다.

16세기 포르투갈을 거쳐 17세기에는 네덜란드가 육두구 무역을 독점했다. 17세기 말에는 육두구가 유럽에서 크게 유행하였기 때문에 네덜란드는 정향과 더불어 육두구 무역의 독점권을 통해 막대한 부를 축적할 수 있었다.

정향은 기원전 2세기부터 중국에 알려진 것으로 보인다. 중국 고대 한나라에서 황제를 직접 돌보는 환관은 황제를 알현하기 전에 당시 계설향(鷄舌香)이라 불린 정향을 씹어 입안을 깨끗이 해야 했다. 유럽에 알려진 것은 344년이다. 비잔틴 제국의 콘스탄티누스 1세는 황제의 성스러운 권위를 세우기 위한 방법으로 로마 교회에 대해 깊은 존경심을 표시했다. 황제는 교황 실베스테르에게

정향(clove, 丁香)은 꽃봉오리를 말린 것이다.(출처: Gradium)

각종 보석과 함께 150파운드의 정향을 선물했다. 6세기경 프랑스의 메로빙거 왕조의 무덤 속에서도 2개의 정향이 훌륭한 상자에 넣어진 채 발견되었다.

정향 또한 말루쿠 제도가 원산지이다. 그러나 그 원산지는 오랫동안 알려지지 않았다. 따라서 정향의 원산지에 대한 유럽인들의 관심은 남달랐다. 그것이 지닌 희소성과 가치 때문이었다. 14세기 이탈리아의 시에나에서는 정향값이 육두구보다 다섯 배나 비쌌다고 하니, 그것의 경제적 가치에 눈독을 들이는 것은 당연했다. 13세기 마르코폴로도 중국인들에게 정향의 생산지를 물어보았다고 한다.

동양 향신료의 해상교역로, 스파이스 루트

이미 오래전부터 아랍인과 페르시아인들은 해상로를 통하여 인도로부터 귀중한 물품을 들여오고 있었다. 이 시기에 동서 교통의 요지에 있으면서 막강한 세력을 행사했던 이들은 동서 중개무역을 독점하고 막대한 이윤을 취득했다. 이국의 향신료를 막대하게 소비했던 로마인들은 자신들이 직접 동양의 향신료를 가져오기 위해 기원전 1세기 홍해까지 진출하여 인도로 갈 수 있는 해상로를 확보하기도 하였다. 인도양에서 계절풍을 이용하면 안전하고 신속하게 항해할 수 있기 때문이다. 계절풍을 이용하여 항해가 순조로울 경우, 홍해 입구부터 인도 서해안 무지르스항까지는 40일밖에 걸리지 않았다.

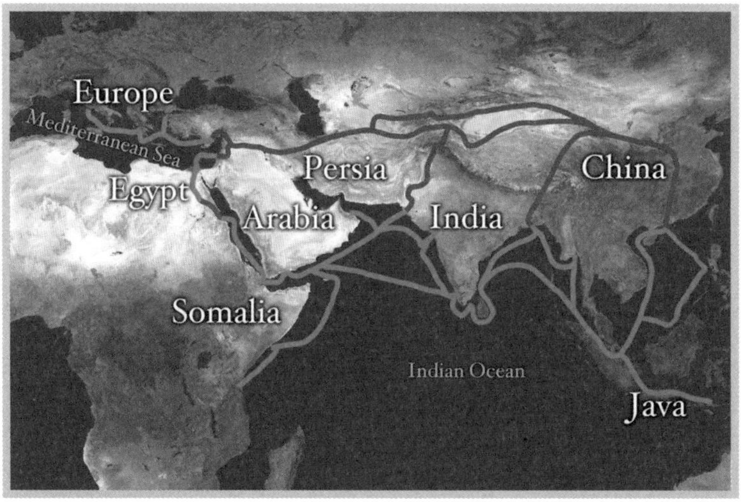

실크로드와 스파이스 루트(출처: Wikipedia)

이러한 인도 항로를 통해 로마인들은 대형 선박으로 후추를 사갔다. 한때 홍해 연안에서는 120척의 배들이 향신료의 향이 감도는 바람을 타고 인도양을 건너갔다. 오늘날 '스파이스 루트(spice route)'라고 불리는 해상 실크로드를 통해 로마는 유리기구 · 은그릇 · 황옥 · 은화 · 안식향 · 직물 · 포도주 · 향유 등을 수출하였고, 인도로부터는 후추 · 계피와 같은 향신료뿐만 아니라, 상아 · 염료 · 중국의 생사 등을 들여왔다.

신드바드의 모험과 이슬람의 동서무역 독점

서로마제국의 멸망 이후, 6세기부터 세력을 확장하기 시작한 이슬람 제국은 8세기 중반에 이르러서는 스페인과 북부 아프리카에서부터 중국 국경에 이르는 이슬람 왕국을 건설했다. 이집트 연안의 홍해에서부터 인도에 이르는 스파이스 루트는 물론 실크로드는 이슬람 세력에 의해 점령되었기 때문에 서유럽은 향신료 교역을 직접적으로 할 수 없게 되었다.

750년경 '정원으로 둘러싸인 도시' 바그다드는 이슬람 문화의 중심지였다. 아바스 왕조가 개화된 이 도시는 지중해와 인도양의 중간에 위치하고, 서로는 모로코에서 동으로는 극동에 이르는 지역의 상품을 자석 끌어당기듯이 활발하게 교역하는 중심지였다.

우리에게 아라비안나이트로 잘 알려진 『천일야화』라는 설화집에 실려 있는 신드바드의 모험 이야기도 이 무렵이 배경이다. 선원이자 뛰어난 아랍 상인의 기질을 가진 신드바드는 일곱 차례에 걸쳐 인도로 항해를 한다. 신드바드의 모험에 비추어 볼 때 7세기에 이르러서는 육두구와 정향을 얻기 위해 말레이반도에까지 진출했고, 이곳에도 말라카라는 항구도시에 향신료 무역의 교두보를 확보했다. 그리고 곧 중국의 광저우에 도달하였고, 그 후 점점 교역이 증가하여 그곳에 이슬람 사원이 세워지기까지 하였다. 통일신라는 당과의 교역을 통해 또는 직접 서역인과의 교류를 통해 서역에서 온 물품들을 접할 수 있었고, 이때 열대 아시아 지역에서 온 향신료들이 한반도에 유입되었을 가능성이 있다. 동아시아부터 아라비아반도에 이르는 기나긴 해상 스파이스 루트는 15세기 유럽인들이 뛰어들기 전까지는 이슬람 상인들의 수중에 있었다.

바닷길을 통해 유입된 동양의 향신료는 페르시아만의 바스라나 예멘의 에덴, 홍해 위쪽에 위치한 쿨줌에 하역된 다음 낙타에 실려 카이로나 알렉산드라, 그리고 지중해 동안으로 운송되었다. 비단과 향신료가 운반되는 과정은 결코 순탄치 않았다. 무엇보다도 자연의 변화무쌍한 변덕은 목숨과 귀중품을 한꺼번에 날려버렸다. 다음으로는 통과하는 지역의 영주들이 거두어들이는 통행료와 교역세였다. 이렇게 이 지역 저 지역을 지나고 이 상인 저 상인을 거친 비단과 향신료가 마침내 지중해의 동부 연안에 이를 때는 출발지와는 비교도 안 될 만큼 비싼 값이 매겨져 있었다.

십자군 전쟁과 지중해 무역의 융성

서로마제국의 멸망과 이슬람 세력의 확장은 동서양 간의 교역을 쇠퇴시켰다. 게다가 중세 초기에는 유럽 가톨릭과 아랍 이슬람 간의 교류가 거의 이루어지지 않았다. 그러나 11세기부터 13세기까지 수차례에 걸친 십자군 전쟁은 동양과의 교역을 회복했다. 십자군과 순례자들은 이탈리아 선박에 의해 성지로 수송되었다. 그곳에서 십자군들은 후추, 정향 등으로 세금과 배상금을 거두어들였다. 다른 한편 모직, 옷, 철, 목재 등을 무화과 열매, 레몬, 오렌지, 아몬드 그리고 향신료 등으로 교환하는 거래들이 이루어졌다.

이러한 동서무역의 회복에 가장 커다란 이익을 얻은 곳은 베네치아와 제노바였다. 실크로드와 스파이스 루트를 통해 지중해 동안에 도착한 향신료와 아시아의 귀중품들은 대립관계에 있었던 두 공화국의 수중에 들어갔다. 베네치아는 십자군을 유리하게 이용하여 상인들에게 부를 가져다주었다. 베네치아는 알렉산드리아에 기지를 둔 이집트의 함대를 물리치고, 이제까지 이슬람 열강들이 장악해온 지중해의 상업 루트를 하나씩 지배하게 된다. 13세기에는 대립관계에 있넌 세노바를 제압함으로써 동서무역의 부는 베네치아로 집중된다. 이탈리아 르네상스의 출발도 이러한 동서무역을 통한 부의 축적에 기반한다.

신항로의 개척, 향신료 땅을 찾아서

유럽의 중세시기 동안 향신료 무역은 중동 상인과 베네치아 상인의 손아귀에 있었다. 중세 말엽 향신료에 대한 소비가 증대하면서 유럽의 여러 나라는 향신료나 귀금속 무역에 더 이상 중개인을 통하지 않고 직접적으로 나서고자 한다.

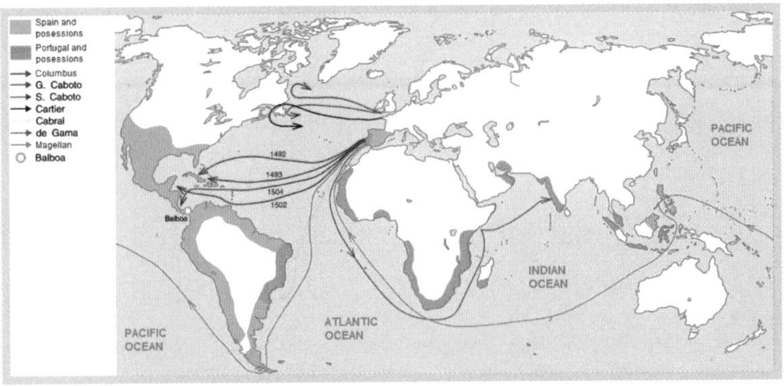

대항해시대 신항로의 개척(출처: Wikipedia)

이제 향신료의 원산지는 미지의 나라가 아니었다. 이미 마르코폴로의 여행이나 기타 개인적인 여행과 탐험은 동양을 향해 가는 길과 향신료에 대한 정보들을 제공했다. 또한 아랍어로 번역된 그리스학이 이슬람의 지배 아래에 있었던 이베리아반도에서 라틴어로 다시 번역되어 유럽에 소개되었다. 이 중에는 기원전 5세기에 피타고라스학파가 주장한 세계구형설, 또한 투영도법에 의한 최초의 세계도 등이 있었다. 이를 통해 새로운 세계에 대한 관심이 증대되고, 이는 경제적 이익 추구와 맞물려 신항로 개척으로 이어지게 된다.

새로운 동양으로 가는 항로를 개척하려는 노력은 포르투갈에서 먼저 시작되었다. 아프리카의 북서 해안에 관한 지식을 비교적 풍부히 가졌던 포르투갈은 금과 향신료가 풍부한 인도 항로를 개척하기 위해 아프리카 대륙을 돌아 항해할 계획을 세운다. 이러한 계획은 15세기 초부터 포르투갈의 왕자 엔히크에 의해 추진된다.

엔히크 일행은 아프리카 북서부를 넘어 아직도 유럽에서 가보지 못한 미지의 세계에 대해 알고 싶었다. 또한 이러한 동기는 당연히 새로운 동방무역로 확보라는 경제적 이익과 관련되었다. 그리고 가톨릭을 미지의 세계에 전파하고자 하는 욕망이 함께했다.

먼저 이들은 지브롤터 해협 건너의 북서 아프리카에 있는 이슬람 세력을 공략함으로써 사그레스를 교두보로 확보했다. 카나리아 제도, 마데이라 제도, 아조레스 제도의 항해를 통해 상아 · 노예 · 소금 · 금 등을 주로 교역하는 이 지역의 이슬람 무역권을 손에 넣기 시작했다. 1434년 보아돌 곶, 1444년 세네갈과 베르데 곶까지 항해왕 엔히크가 진출한다. 엔히크 왕자의 사망 후 포르투갈은 상아해안, 황금해안 등의 탐험으로 1482년에는 마침내 노예무역의 중심지가 되는 에루미나 지역에 요새를 건설한다. 아프리카 서해안을 따라 계속 남진하다가 1487년 리스본을 출발한 바르톨로메우 디아스는 처음으로 아프리카 최남단의 희망봉을 돌아서 동해안으로 약간 북상하였다가 이듬해 말에 귀국했다.

이렇게 발견된 바닷길을 이용하기 시작한 것은 그로부터 8년이 지난 뒤였다. 1492년 크리스토퍼 콜럼버스는 분명히 훨씬 더 편

인도 말라바르 해안에서 바라본 캘리컷 항구 풍경(1572년)(출처: Wikipedia)

한 길을 통해 '인도'에 도착했다. 그러나 1490년대 말에 이르자 콜럼버스의 서쪽 항로에 대해 의구심이 생기고 남남동쪽으로 항해하여 인도로 가는 바닷길에 대한 관심이 되살아났다. 1497년 포르투갈의 선장 바스쿠 다가마는 리스본을 출항, 마침내 1498년 5월 인도 서해안 말라바르 해안의 캘리컷에 도착함으로써 인도 항로를 발견하게 된다. 1511년 포르투갈은 '향신료의 섬' 말루쿠 제도에 도착했다. 그리고 가장 중요한 향신료 교역항인 말레이반도 남서부에 있는 말라카에 기지를 세웠으며, 1512년에는 자바섬까지 진출했다. 그다음에는 인도 서부 해안의 향신료 항구를 장악한 뒤 이슬람 중간 상인들에게서 향신료 교역권을 강제로 빼앗았다.

포르투갈 상선이 '향신료의 섬'까지 무사히 개척해 화물칸에 후추와 육두구, 정향을 한가득 싣고 돌아왔다는 소식은 베네치아 상인들에게는 청천벽력과 같은 것이었다. 오랫동안 이탈리아와 중동

국가에게 막대한 이득을 주었던 향신료 무역이 새로운 정복자의 수중에 넘어갔다. 포르투갈의 독점을 주축으로 하는 직접적인 동양과의 무역은 중세 이래 독점적으로 수행한 이탈리아 상인의 중개무역 기능을 크게 축소시키고 동방무역의 중심을 베네치아에서 리스본으로 이동시켰다. 지금까지 무역의 중심지는 십수 세기 동안 지중해였지만, 이제 인도양과 대서양으로 옮겨진 것이 분명했다. 또한 향신료 전쟁의 서막이기도 했다.

1476년경 포르투갈 리스본에 정착한 이탈리아 제노바 출신의 콜럼버스는 서쪽으로 항해하여 동양에 이르는 계획을 포르투갈 주앙 2세에게 청원하였다. 콜럼버스는 이미 마르코 폴로의 여행기와 프톨레마이오스의 『지리학』 등을 읽고 서쪽으로 항해하면 황금의 땅이자 향신료의 보고인 인도가 대서양 동부의 카나리아 제도에서 서쪽으로 2,500해리밖에 떨어져 있지 않다고 주장했다. 그의 주장이 포르투갈 과학자와 리스본 상인들을 납득시키지 못하자, 1486년 에스파냐로 가 이사벨라 여왕에게 청원하게 된다. 결국 이 계획은 여왕의 허가를 받게 되고, 콜럼버스는 1492년 3척의 배로 황금의 땅을 찾기 위해 팔로스항을 출발한다. 6개월의 항해 끝에 바하마 제도의 한 섬을 발견하고 이것을 산살바도르라고 명명하였으며, 다시 쿠바, 아이티 등을 확인하고 이듬해 3월에 귀항한다. 이후 세 차례 더 항해를 했으나 그는 결국 향신료의 땅에 도착하지 못했다. 그는 죽을 때까지 그가 발견한 땅이 인도의 일부라고 생각했지 '새로운 대륙'이라고는 생각지 못했다.

콜럼버스는 몇 차례의 항해를 통해 '우리의 후추보다 더 좋은 향료'라고 일지에 기록한 고추를 유럽에 소개했다. 그리고 그는 원주민들이 환영의 뜻으로 준 초콜릿 음료에 들어 있던 바닐라도 유럽에 들여왔다. 그러나 오랫동안 새로운 대륙은 동인도만큼 유럽 상인들의 관심을 끌지 못했다.

향신료 전쟁과 네덜란드의 독점

네덜란드의 7개 신교도 지방 연합은 스페인의 가톨릭 통제에 대항하면서 독립을 선포했다. 그러자 스페인의 필립 2세는 네덜란드를 침공하였고 이 전쟁은 실제로는 1648년에야 끝난다. 결국 암스테르담에서 출발하는 모든 선박은 포르투갈과 스페인의 항구에 정박이 금지되었다. 오래전부터 암스테르담은 포르투갈과의 협정에 따라 북유럽의 향신료 교역을 통제해왔다. 네덜란드 상인들은 리스본에서 향신료와 다른 귀중품들을 실어 북해와 발트해 연안의 항구들에 공급하는 중요한 역할을 담당했다. 이러한 공급 역할을 박탈당한 네덜란드의 주요 아홉 상인들은 즉시 연합해서 향신료를 동양으로부터 직접 가져올 '원국회사'를 설립한다. 1595년 은과 직물을 실은 4척의 상선이 자바섬에 도착하고 말루쿠 제도까지 진출한다. 이후 이 회사는 두 차례에 걸친 원정을 실시했으며 상당한 이윤을 얻게 된다. 마침내 1602년 이와 유사한 회사들이 뭉쳐 '네덜란드 동인도회사'를 설립한다. 거대 상업자본의 막대한 힘을 가진 이 회사는 국가 내의 또 다른 국가로서 권력을 갖게 되었다. 인도에서 거둔 이들의 성공은 방대한 영토를 효율적으로 통제하지 못하고 있는 스페인 필립 2세 왕정의 약화와 맞물리면서

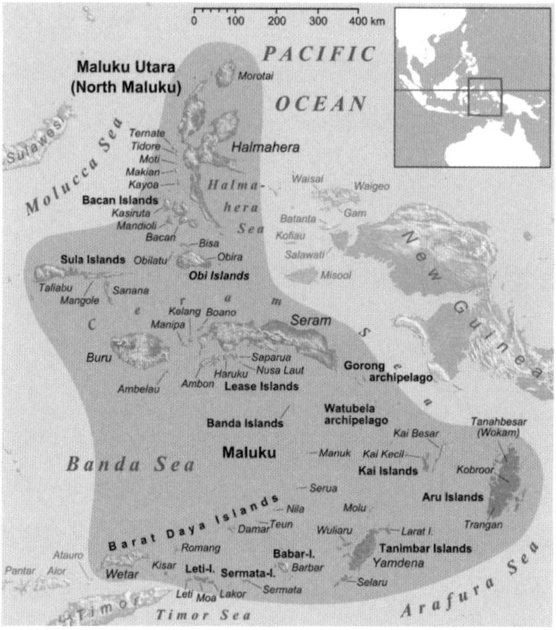

말루쿠 제도(출처: Wikipedia)

그들 앞에는 더 이상 어떠한 장애도 없었다. 게다가 스페인은 라틴아메리카 지역에 관심을 집중시키고 있었다. 이처럼 상대적으로 느슨한 지정학적 틈새를 뚫고서 네덜란드는 농인도 지역에서 세력을 확장해갔다.

반세기 동안 네덜란드는 포르투갈을 밀어내고 향신료의 섬 말루쿠 제도를 완전히 자신의 지배하에 두게 되며 자바섬, 말라카, 실론, 인도의 말라바르 지역으로까지 세력을 확장했다. 이 시기 동안 암스테르담의 식민지 제국은 다른 두 경쟁자들과 마주친다. 하나는 1600년 런던에서 설립된 영국의 '동인도회사'와 다른 하나는 1664년에 프랑스의 재상 콜베르의 주도하에 설립된 프랑스의 '동인도회사'이다. 그러나 향신료 무역에 있어서 네덜란드의 우위에 직면한 영국회사는 중국과의 교역을 통해 차와 아편 무역에 집중하고, 프랑스회사는 인도와의 면 · 비단 · 쌀 · 커피 무역에 집중한다.

1664년 네덜란드가 실론섬을 포르투갈로부터 획득하고 계피 무역까지 장악하게 되면서 17세기 내내 향신료 무역에서 우위를 점유한다. 1619년 자바섬을 중심으로 하는 네덜란드의 동인도회사는 엄청난 번영을 누린다. 후추와 계피 무역의 주요 담당자인 네덜란드는 무엇보다 가장 향기가 좋고 가장 비싸고 누구나 탐내는 두 향신료, 육두구와 정향 무역에 집중한다. 이들은 말루쿠 제도에서만 재배되었으므로 네덜란드에게는 매우 많은 이익을 보장해주었다. 그러나 3개의 큰 섬과 무수한 작은 섬들로 이루어진 이 군도를 관리하기 쉽지 않았기 때문에 네덜란드는 정향과 육두구의 생산을 몇 개의 작은 섬으로 집중시킨다. 육두구는 반다섬으로, 정향은 암본섬으로 집중시키고 다른 지역에서 자라는 모든 나무는 베어버렸다. 허가받지 않고 나무를 심거나 절도를 하는 경우에는 사형에 처했다. 비협조적인 원주민 부족들을 감금하기 위한 감옥을 십여 곳에 설치했으며, 맹수를 들여와 땅을 지키도록 했다. 외국인들에게 소량의 육두구나 정향을 몰래 팔다가 발각된 사람들은 무참한 고문을 당했다. 일단 재배를 제한하고 공급을 제한하자 두 향신료의 가격은 상승했다. 몇 년 동안 수확이 좋아 많은 양의 육두구와 정향이 쌓이면 이를 태워버리기도 했다.

미스터 푸아브르의 모험, 독점의 붕괴

한 세기 이상 동안 어떠한 세력도 네덜란드의 향신료 독점을 깰 수 없었다. 그러나 '후추(poivre)'라는 성을 지닌 한 프랑스인이 네덜란드로부터 이 보물들을 훔쳐내 그 조국에 제공한다. 피에르 푸아브르(Pierre Poivre)는 신학교를 마치고 식물학을 공부한 뒤 중국 선교활동을 떠났지만 중국에 도착하자마자 광동 감옥에 투옥되었다. 그 뒤 동남아시아를 여행하면서 식물 연구를 하고자 프랑스 선박을 탔는데, 오스트리아의 왕위 계승을 둘러싼 영국과 프랑스의 전투에서 오른팔을 잃고 바타비아 감옥에 간히게 되었다. 감옥에서 나온 그는 9년 동안의 은둔 생활 후 1767년 그 당시 해군 장

피에르 푸아부르(1719~1789)(출처: Association des Amis de Mahé de La Bourdonnais)

관에 의해 인도양에 있는 마스카렌 제도의 지사로 파견되었다. 그 이전부터 네덜란드가 엄격히 통제하고 있던 정향과 육두구 나무를 구하고자 했던 그는 몰래 묘목을 훔쳐내 아프리카 동해안에 있는 프랑스의 식민지 라 레위니옹섬과 모리셔스 제도에 옮겨 심는 데 성공한다. 그 뒤 정향나무는 오늘날 정향의 최대 생산지인 잔지바르섬에 보내지고 다시 마다가스카르와 코모로, 세이셸 등으로 퍼져 나간다. 푸아브르의 이러한 모험으로 네덜란드의 육두구와 정향의 무역 독점은 결국 막을 내리고 만다.

1786년 영국은 말레이 제도의 페낭섬을 점령하고 세기가 끝나기 전에 정향과 육두구 나무를 그곳에 심었다. 1796년까지 영국은 자바를 제외한 동인도의 모든 네덜란드 식민지를 빼앗았고 자바조차도 1811년 스탬포드 래플리스 경이 탈취하였다. 1799년 네덜란드 동인도회사는 결국 파산하였고 수십 년간의 싸움 끝에 영국과 네덜란드는 1824년 보르네오의 북쪽 절반을 제외한 말레이, 실론 그리고 네덜란드의 동인도를 영국에 넘겨주는 협정을 맺었다. 18세기 말 미국 또한 향신료 시장에 뛰어들어 동양에 담배와 곡물을 제공하고 향신료와 차와 커피를 사들였다. 이제는 어느 국가도 특정 향신료의 생산을 독점할 수 없게 되었다. 19세기에 향신료의 재배는 다른 지역에도 전해지고 특정 향신료의 재배가 전문화되었다. 또한 19세기에는 향신료가 그 명성을 잃고 이후 설탕, 차, 카카오, 커피가 상위 자리를 차지한다.

17세기 후반에 들어서면서 향신료의 공급이 이전보다 상대적으로 풍부해지자 궁정이나 귀족 요리에는 향신료를 거의 사용하지 않았다. 향신료는 보다 보편화되고 일상화될수록 통속화되었다.

독일 문화사학자가 말하듯이 "향신료의 소비는 가격의 하락과 함께 그것이 가진 고귀함이 사라지기 시작한 그 순간에, 그리고 그런 향신료들이 도처에서 식탁에 오르고 더 이상 사치와 부유함의 표시가 되지 않는 그런 순간에 감소한다."

고대부터 중세 말까지 동양의 향신료는 생산지에서부터 유럽에 이르기까지 기나길고 복잡다단한 여정을 거쳐 고가로 유럽에서 거래되었다. 생산지와 최종 소비지 사이에 있었던 막대한 중간 이익은 국가와 중상자본가들 그리고 개인들로 하여금 향신료를 얻기 위한 직항로 개척에 나서게 하였다. 동양의 향신료가 유럽인들이 새로운 땅을 찾아 위험한 항해를 시도했던 유일한 이유는 아니었을지라도 향신료에 대한 욕구가 이러한 모험을 감행하는 데 결정적인 역할을 했음에 틀림없다. (정한진)

마법의 양념, 고추

바다를 건너온 향신료

지금까지 바다를 건너온 서양 문물은 매우 많다. 이러한 물건은 배에 실려 온 상품이라는 뜻으로 '박래품(舶來品)'이라고도 불린다. 우리가 잘 알고 있는 시계, 나침반, 커피 등과 같은 당시의 사치품을 가리키기도 하며, 이것을 사용할 수 있는 위치의 사람이 사용한다고 해서 '위세품(威勢品)'이라고도 불리었다. 이러한 박래품은 사실 19세기 후반 개항 이후에 들어온 물건을 가리켜 좁은 의미로 설명하는 경우가 많다. 그러나 박래품 세대보다 오래전 외부로부터 유입되어 현재까지 가장 잘 사용하고 있는 것이 있다. 그것은 마법의 향신료 '고추'이다. 특히 대한민국 요리문화에서 빼놓고 이야기할 수 없는 필수 불가결한 양념으로 이 고추가 외국에서 건너왔다고 생각하는 사람은 그리 많지 않은 것 같다. 그렇다면 이 고추가 어떻게 바다를 건너 전래가 되었는지, 종류는 얼마나 많은지, 그리고 세계를 고추 홀릭(Holic)에 빠뜨린 매력은 무엇인지에 대해 알아보도록 하자.

고추의 전래

남아메리카에서 유럽으로

남아메리카가 원산지인 고추는 1542년 또는 1552년 포르투갈 사람이 일본에 고추를 전하였다는 설이 있고, 이것이 1592년 임진왜란 때 일본에서 다시 우리나라로 전파되었다는 설이 있다. 1625년에는 고추를 섞어 만든 일본의 향신료 시치미(七味)가 한국과 일본 양쪽에서 판매된 기록이 존재하므로 그 역사는 꽤 오래되었다고 볼 수 있다.

고추는 앞서 설명한 것처럼 지구의 반대편 중남미가 원산지인데 기원전 5000~7000년 전으로 거슬러 올라가 보면 페루와 멕시코 등에서 재배될 정도로 매우 오래되었다. 그러나 세계 각국으로 확산된 것은 15세기 무렵이다.

현재 전 세계에서 많이 사용되고 있지만, 아메리카 대륙 이외에서는 역사적으로 신문물이며 정확한 전래 연도와 유럽 내 전파에 대한 자세한 내용은 알려져 있지 않다.

고추 보급의 일등공신은 크리스토퍼 콜럼버스이다. 그는 1493

15세기 이탈리아의 탐험가, 항해가 크리스토퍼 콜럼버스(Christopher Columbus)
(출처: Wikipedia)

년 스페인으로 첫 고추를 가져왔으며, 이것이 포르투갈 사람에게 발견되어 동양에 전파되면서 각지의 음식문화에 커다란 영향을 주었다.

콜럼버스가 미지의 대륙을 향해 항해에 나선 이유는 먼저 인도와 중국, 일본과 같이 동양에 많은 관심을 가지고 있었다는 점도 있겠지만 무엇보다도 값비싼 향신료를 원했기 때문이다. 왜냐하면 당시에 향신료는 매우 귀했기 때문이다. 특히 대항해시대, 후추나 육두구(Nutmeg), 계피 등의 향신료는 냄새를 잡는 효과가 있었기 때문에 고가에 매매되고 있었다. 이러한 향신료 가운데 후추의 몸값은 굉장히 높았다. 킹 오브 스파이스(King of Spices)로 불리며 거의 금과 동등한 금액으로 거래될 정도였다.

콜럼버스가 살던 대항해시대에는 후추와 같은 향신료가 인도나 인도네시아에서 재배되고 있었다. 그래서 콜럼버스는 그것을 찾기 위해 인도를 목적지로 출항하였지만 도착한 곳은 서인도 제도로 산살바도르(San Salvador)섬이었다. 잘 아는 대로 산살바도르섬은 인도가 아니라 카리브해 쪽에 위치하여 바하마의 동쪽이며, 쿠바의 북쪽에 위치한 곳이다. 콜럼버스는 이 섬을 인도로 착각한 것이다. 이렇게 인도라고 생각되는 산살바도르섬을 돌아나니면서 고추를 접하게 되는데 여기서 또 하나의 착각을 하게 된다. 고추를 후추(Pepper)의 일종으로 보고, 이것을 레드 페퍼(Red pepper)라고 명명하고 만 것이다. 고추를 후추의 한 종류라고 철석같이 믿은 콜럼버스는 고추(레드 페퍼)를 유럽으로 가지고 돌아왔고 고추는 향신료 수요가 많은 유럽 전역에 퍼지게 되었다. 당시 고추가 후추를 대체할 수 있다는 유럽인들의 생각은 아메리카의 다른 작물들과 함께 고추를 유럽으로 이동시키는 결정적인 역할을 하였다.

유럽에서 다시 아시아로

이렇게 유럽 전역에 퍼지던 고추가 동양으로 전래되기까지는 어떤 과정을 거쳤을까?

고추가 동양에 처음 어떻게 유입되었는지에 대한 가설에는 여러 가지가 있는데 세 가지 설이 가장 유력하다. 그중 두 가지 설은 포르투갈 사람에 의해서 전래되었다고 하는 이야기다.

첫 번째 남만도래선(南蛮渡来船)설은 식민지개척을 위해 힘썼던 포르투갈이 배에 실어 전래했다는 설이다. 남만도래선설은 포르투갈 사람이 일본 규슈 다네가시마(種子島)에 총을 전파할 때 고추도 함께 들여왔다는 주장이다.

두 번째는 포르투갈 선교사설인데, 기독교를 일본에 전파하기 위해 일본에 온 포르투갈 선교사 '발타자르 가코(Baltasar Gago)'라는 사람이 전래했다는 설이다. 그가 1552년 당시 다이묘였던 오토모 요시시게(大友義鎮)에게 고추 씨(種子)를 건네주었다는 이야기이다.

마지막으로 도요토미 히데요시(豊臣秀吉)가 천하통일에 만족하지 않고 조선을 손에 넣고자 일으킨 임진왜란 때 가토 기요마사(加藤清正)가 한국에서 일본으로 고추를 가져왔다는 설이 있다.

그렇지만 고추 전래설은 유럽의 포르투갈 사람에 의해 일본에 전래되었다는 것이 사실로 받아들여지고 있다.

이렇게 16세기 일본에 건너온 고추는 전국(戰國)시대부터 아즈치모모야마(安土桃山時代)시대, 에도(江戸)시대 초기에 걸쳐 일본 국

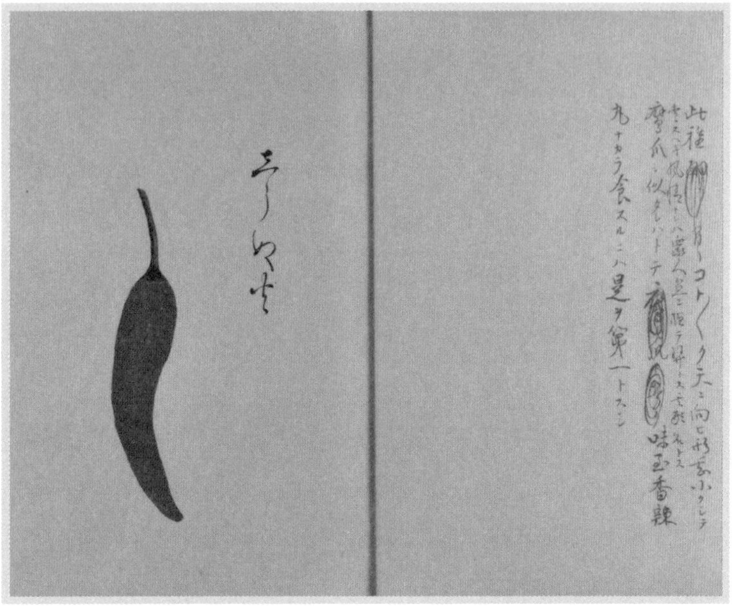

『번초보(番椒譜)』 사본(가가와현립박물관 소장)

내로 확산 일로를 걸었다. 1760년대에는 본초학자 히라가 겐나이(平賀源内)가 50종이 넘는 고추에 대하여 일러스트를 포함한 『번초보(番椒譜)』를 집필하였다. 이 책을 보면 식용보다는 관상용 고추의 그림이 많다는 것을 알 수 있다. 이러한 사실로부터 일본의 경우에 식용으로 고추를 사용하기 시작한 것은 그리 오래되지 않은 근대의 이야기라는 것을 유추해볼 수 있다. 고추가 수입된 초기의 경우, 맵고 독한 맛 때문에 동상 예방이나 관상용, 그리고 독약 등으로 주로 사용되었다고 한다.

일본에서 한반도로

그렇다면 고추가 한국에 건너온 것은 언제인가?

여러 학설이 있지만 가장 신뢰성 있는 이야기는 임진왜란 때 전쟁과 함께 들어왔다는 설이다. 앞서 이야기한 것처럼 정반대의 설도 있지만 일본 경유 한국 유입설이 가장 유력하다.

1614년 이수광의 『지봉유설』에는 고추를 가리키는 "남만초(南蠻椒)는 많이 독하다. 왜국에서 처음 왔기 때문에 속칭 왜겨자(倭芥子)라 불린다."(南蠻椒有大毒. 始自倭國來. 故俗謂倭芥子)라는 구절이 나온다. 그리고 1760년 이익의 『성호사설』, 이규경의 『오주연문장전산고』 등에도 고추의 옛 이름 번초(蕃椒)가 일본에서 도입되었고, 이 시기가 선조 임진왜란 이후라고 전하고 있다. 이러한 사료를 바탕으로 이성우가 『고려 이전의 한식생활사 연구』(1978)에서 일본 전래설을 밝힌 이후 이것이 통설로 자리 잡았다.

그런데 유럽에서 일본을 거쳐 유입된 고추는 담배 · 코코아 · 토마토처럼 유럽 전 지역에서 사랑받고 있지는 않았다. 이탈리아의 일부 지역에서만 고추가 식용의 대상이 되었다. 그리고 아시아로 넘어와서 고추는 인도 북부의 일부 지역, 중국 대륙에서도 장강(長江)을 따라서 쓰촨(四川) 지역까지 이어지는 일부 지역, 그리고 한반도 지역에서 소비되고 있다.

그러나 바다를 건너 다양한 시대의 물결을 휩쓸고 간 고추는 향신료로 확고한 지위를 확립하였다. 현재 고추는 다른 향신료와 비교가 되지 않을 정도로 독보적인 존재감을 지니고 있다. 최근에는 고추 매니아 층이 두터워져 '더 맵게 더 세게'를 외치는 이들이 많아지고 있다. 이러한 세계적 흐름 속에 '더 맵게'를 외치며 기네스

북에는 가장 매운 고추가 연속해서 갱신 중이다. 위와 같은 내용을 토대로 다음과 같이 고추의 연표를 작성해 볼 수 있다.

고추 전래에 관한 주요 연표

연도	내용
BC 7000년 ~ BC 5000년	페루의 산악지대 현재 멕시코 부근에서 원주민에 의해 재배
BC 5000년~	아메리카 원주민의 식생활에서 빼놓을 수 없는 향신료 아스테카 제국에서는 카카오 드링크의 풍미를 돋우는 데 사용 또한 제물을 바치는 의식에도 사용된 기록이 존재
1492년경	크리스토퍼 콜럼버스가 산살바도르섬에서 발견
1490년대 후반	콜럼버스가 가져온 고추를 포르투갈 사람이 아시아, 아프리카에 전파
1500년대	포르투갈 선박에 의해 일본에 전래
1500년대 후반	임진왜란 이후 한반도 외 중국으로 전래
1614년	한국 최초의 백과사전인 이수광의 『지봉유설』에 남만초(南蠻椒) 소개
1760년 이후	본초학자 히라가 겐나이가 50종 이상의 일러스트가 있는 고추도감 『번초보(番椒譜)』 저술
1868년	미국 은행가가 멕시코 타바스코주에서 가져온 고추로 타바스코 소스 출시
1912년	미국 약리학자 윌버 스코빌이 고추 매운맛의 척도가 되는 스코빌 값 고안 * SHU = 스코빌
1937년	세인트 알베르토가 고추에서 비타민 C를 발견한 공으로 노벨상을 수상 대량의 비타민 C가 함유된 것으로 알려져 유럽에서 재배 급증
1973년	세계 최초의 고추 국제회의인 전미고추회의 개최 국제고추감정가협회 설립
1978년	이성우의 『고려 이전의 한식생활사연구』에서 일본 전래설 주장

1986년	대한민국 농심에서 신라면 출시
2007년	인도 및 방글라데시에서 생산되는 품종 부트 졸로키아가 기네스기록 갱신 (하바네로가 갖고 있던 기록을 제치고 세계에서 가장 매운 고추로 인정)
2011년	호주 고추 트리니다드 스코피온 부치 테일러가 매운맛 세계 최고 기록 갱신
2013년	미국 페퍼소스 회사가 개발한 고추 캐롤라이나 리퍼, 캐롤라이나의 저승사자라는 이름의 품종이 기네스 기록을 다시 갱신
현재	한국, 중국, 일본을 포함하여 전 세계는 매운 고추맛 홀릭 중

고추 너의 이름은?

고추는 고초(苦草, 또는 苦椒)가 변한 말이다. 고(苦)는 지금은 '쓰다'라는 뜻으로 사용되고 있지만 조선시대에는 '맵다'라는 뜻으로 쓰였다고 한다. '당초(唐椒)' 또는 '번초(番椒)'라고 불리는 대표적 방언형도 있다. '번초'의 경우 일본과 중국에서도 불리는 고추의 별칭이다. 특히 일본에서도 '당초'라고 쓰인 이유는 '당(唐)'이라는 한자에 외래라는 의미가 포함되어 있기 때문이다. 따라서 외래(外來)작물, 즉 도래(渡來)작물을 의미하며, 이는 바다를 건너 들어왔다는 의미이다.

그리고 일본에서 고추가 가리키는 방언형을 살펴보면 '남만(南蠻)'이라고 표현하고 있는데, 이것 역시 외국의 것을 의미한다. 뒤에 작물명은 붙지 않지만 이러한 형태로 매우 다양한 변이형을 나타내고 있음을 알 수 있다.

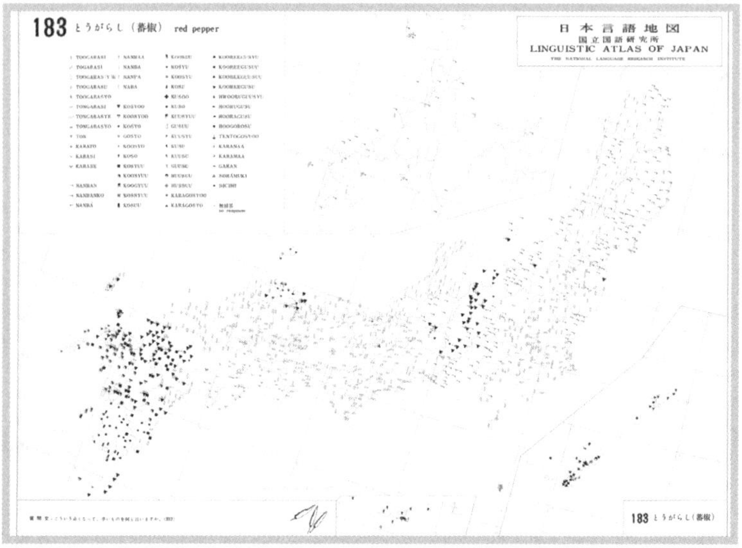

일본언어지도(LAJ)에 나타난 고추의 방언형

일본에서 전래되었다고 생각되는 고추의 한국 어원 및 방언형도 살펴보자. 앞서 언급한 것처럼 한반도에서 고추는 만초(蠻椒), 남만초(南蠻椒), 번초(蕃椒), 왜초(倭椒), 랄가(辣茄), 당초(唐椒), 고초(苦椒) 등 여러 이름으로 불렸다. 다만 현재에는 '고초' 변이형이 많이 남아 있다.

국어사 자료로 볼 때 '고추'의 최초 어형은 '고쵸'라는 한자어 '苦椒'에서 비롯된 것으로 볼 수 있다. 1527년 자료인 최세진의 '훈몽자회(訓蒙字會)'에도 '苦', '椒'가 올라 있다. 17, 18세기까지 '고쵸'가 계속 사용되다가 19세기에 나타난 '고초'에는 '초'와 '쵸'의 발음 차이가 없어지면서 '고초'가 되었다. 그리고 20세기에 '고추'는 '고초'라는 어휘에서 'ㅗ → ㅜ' 변화를 거치기도 하고, '꼬추'처럼 '고추'가 어두경음화한 형태로 나타나기도 한다. 한편 '고치'나 '꼬치'는 남부 방언에서 많이 쓰이는 방언형이다.

이처럼 일본보다 '고추'의 방언형이 많이 존재하지는 않지만 고추는 한반도 전역에서 널리 사용되어온 향신료인 것이다. 한국 국립국어원의 지역어종합정보 누리집 안에는 '고추' 단독 어형으로 나타난 지도는 보이지 않는다. 다만 합성어인 '고춧가루'의 방언형을 살펴보면 전국 '고추'의 방언형을 확인할 수 있다.

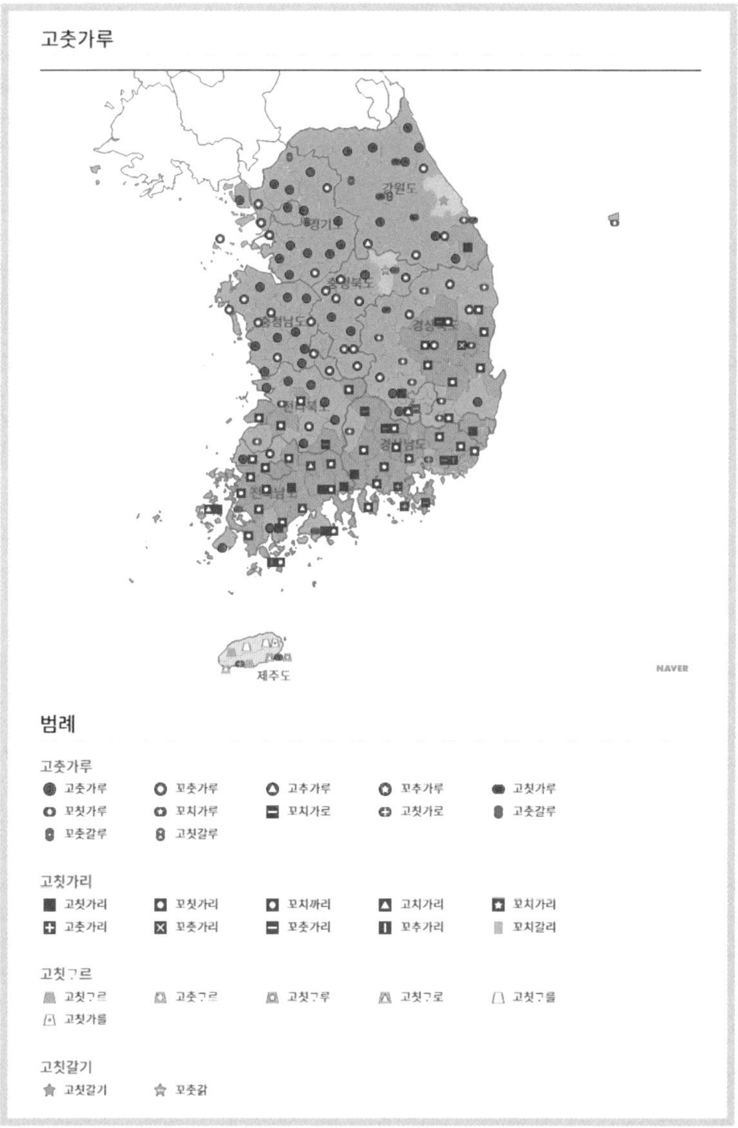

한국 국립국어원 지역어종합정보누리집에 나타난 '고춧가루'의 방언형
(출처: https://dialect.korean.go.kr/dialect/)

고추의 정체

고추(苦椒, 唐椒, 蕃椒)는 중남미 원산으로 가지과 고추속(Capsicum)의 열매 혹은 거기서 만들어진 매운 향신료를 말한다. 재배하는 고추 작물 이외에도 야생종이 향신료의 원료로 이용되기도 한다. 고추속의 대표적인 종인 고추에는 다양한 품종이 있다. 예를 들어 피망, 고추, 파프리카 등 맵지 않은 단맛종(단고추)도 포함된다. 현재 가장 맵다고 알려진 품종은 2013년 기네스 기록을 갱신한 캐롤라이나 리퍼(Carolina Reaper)이다. '캐롤라이나의 저승사자'라는 의미인데 스코빌(SHU) 값이 300만이나 된다. 이처럼 갈수록 고추의 품종은 매워지고 있다.

고추는 바람에 스치기만 해도 쉽게 교잡종을 만들어 내기 때문에 세계로 전파되는 중 많은 품종이 생겨났다. 한국에서도 지방에 따라 여러 품종이 생겨나서 약 100여 종에 이른다. 우리나라에서 매운 고추의 대명사 격인 청양고추. 이 청양고추는 충청 지역 청양에서 재배해 판매하는 고추가 아니라 농촌진흥원에서 경상북도 청송군(青松郡)과 영양군(英陽郡) 일대에서 재배해 개발에 성공한 품종이다. 이는 청송군과 영양군에서 각각 한 글자씩 따서 작명한 것이다.

또한 우리가 흔히 고추 하면 떠오르는 것은 괴로울 만큼 아픈 매운맛에 있다. 캡사이신이란 물질이 매운맛을 느끼게 하는데, 캡사이신은 고추씨와 연결되어 있는 하얀 부분에 다량으로 포함되어 있다. 또 고추의 붉은 색소는 비타민 A로 바뀌면서 비타민의 공급원이 된다. 1937년 세인트 알베르토는 고추(파프리카 등)에 아스코브르산(비타민 C)이 다량 함유되었다는 사실을 밝혀 노벨상을 수상하였다. 이처럼 고추는 비타민 C의 함량이 귤의 2배, 사과의 50배나 되기 때문에 비타민의 보고(寶庫)이다.

매운맛의 종류

매운 양념의 경우 사람들은 향이 맵다고 생각하는 것이 보통이지만 매운맛은 앞서 이야기한 것처럼 향보다는 향신료가 가지고 있는 성분에 기인한다. 똑같이 매운 양념이라도 '산초'에는 캡사이신이 없다. 산초가 가지고 있는 것은 '산쇼올'이라는, 고추와는 다른 매운 성분이다.

성분이 다르면 매운맛의 특징도 달라지는데 크게 두 가지 유형으로 나눌 수 있다. 하나는 코점막을 자극하는 듯한 '비휘발성 매운맛(SHARP 계열)'으로, 순식간에 느껴지지만 사라지는 것도 빠르다. 또 하나는 입안이 확 달아오르는 듯한 '휘발성(HOT 계열) 매운맛'이다. 이것은 비휘발성 매운맛 계열에 비교해 매운맛이 나타날 때까지 조금 시간이 걸리지만 좀처럼 사라지지 않는다. 비휘발성 매운맛의 대표는 고추냉이(와사비)나 겨자이고, 휘발성 매운맛의 대표는 고추, 후추, 산초, 생강 등이다. 카레는 아무리 매워도 괜찮은데 생선회 고추냉이를 잘 못 먹는다는 사람이 있는 것은 이 때문이다. 또 이 두 타입은 특성도 달라 휘발성 매운맛 계통은 비교적 열에 강하고 비휘발성 매운맛 계통은 약하다. 열을 가하면 매운맛이 날아가는 고추냉이(와사비)는 생선회에 곁들이고, 휘궈에는 휘발성 매운맛 고추나 산초를 쓰는 데에는 이유가 있다.

세계 매운 요리

한국의 경우에는 김치, 찌개, 국 등과 같이 고추가 사용되지 않는 요리가 밥상에 오르는 경우가 거의 없다. 고추가 전래되기 전에는 고추 대신 산초와 같은 향신료가 사용되었다. 특히 김치에 사용되는 고추는 한국 특유의 매운맛이 적은 태양초 고추로, 살짝 단맛도 느껴진다. 한국에서는 만능 요리 양념으로 고추장, 고춧가루가 주로 사용된다. 일본에서는 고추가 절임에 조금 사용되거나 고춧가루를 의미하는 이치미(一味), 또는 여러 향신료와 고춧가루를 섞어 만든 시치미(七味) 형태로 사용된다. 이러한 이치미나 시치미의 경우 소바, 우동, 규동 등에 조미료 형태로 가미되는 경우가 많다. 중국에서는 고추가 서남 지방에서 주로 사용된다. 현대의 중화요리는 고추를 많이 사용하는데, 특히 장강 유역의 쓰촨(四川) 요리, 후난(湖南) 요리, 후베이(湖北) 요리, 구이저우(貴州) 요리, 산난(山南) 요리(산시성陝西省 남부)는 매운 요리로 잘 알려져 있다. 쓰촨에서는 고추와 산초를 많이 사용하고, 후난 요리는 고추와 식초, 신맛과 매운맛이 특징이다. 좋은 고추 양념을 강하게 쓰는 구이저우 요리도 일품이다. 태국 요리에는 똠얌꿍(Tom Yam Kung)과 그린커리(Green Curry)처럼 고추를 많이 사용하는 매운 음식이 많다. 작고 매운 품종의 풋고추를 주로 사용한다. 부탄에서도 아주 매운 양념으로 요리하는 것으로 알려져 있다. 인도에서는 향신료를 사용한 요리 역사가 길다. 지역에 따라 매운맛을 내는 고추를 많이 사용하는 지역과 그 외의 조미료를 많이 사용하는 지역이 있는데, 야채보다 고기에 고추를 많이 사용한다.

2007년 세계에서 가장 매운 고추로 인정된 "부트 졸로키아(Bhut Jolokia)"는 아삼(Assam) 지역에서 재배된 것이다. 유령 고추로 불리는 부트 졸로키아는 100만 스코빌 정도의 스코빌 값을 지닌다. 따라서 인도군에서 이 고추를 테러 진압용 최루가스에 넣어 수류탄처럼 사용한 적도 있다.

멕시코는 고추의 원산지로서 재배되는 종류도 많고, 풋고추를 그대로 건조한 것, 훈제한 것과 같이 여러 가지 형태로 다양하게 사용된다. 할라피뇨(Jalapeno)와 하바네로(Habanero chilli)라는 품종은 우리가 너무나도 잘 알고 있는 고추이다. 살사소스용으로 섞어 사용하기도 한다. 옛 멕시코 영토였던 미국 남서부의 텍스멕스

핫소스의 대표격인 타바스코 소스

요리(Tex-Mex cuisine)에도 고추가 자주 등장한다. 서아프리카 요리의 영향을 받은 루이지애나의 크리올(Criole) 요리와 케이준(Cajun) 요리에도 빨간 '타바스코 고추'와 '할라피뇨'로 만든 타바스코(TABASCO) 소스가 등장하는데 중간 사이즈의 매운 고추를 사용한다.

마지막으로 유럽 지역에서는 주로 이탈리아 요리에 고추가 등장한다. 남부 이탈리아에서는 붉은 고추를 사용하는 것이 기본이다. 스파게티(파스타) 중에서 '알리오올리오 페페론치노(aglio olio e peperoncino)'의 페페론치노의 어원이 '페퍼' 즉 고추라는 의미이다. 이 외에도 세계 많은 나라에서 마법의 양념 재료인 고추를 사용하고 있다.

글로벌 슈퍼스타 고추의 매운맛

최근에는 '불을 뿜어내듯 맵다'와 같이 묘사되는 고추의 매운맛은 '불(火) 요리'라는 장르를 탄생시켰다. 또 언젠가부터 엽기떡볶이, 불닭볶음면, 불짬뽕, 불초밥 등이 등장하면서 대한민국을 매운맛의 매력에 푹 빠뜨렸다.

원래 매운맛을 좋아했던 한국인은 2000년대에 접어들면서 더욱더 자극적인 것을 찾게 되었고 이러한 결과 음식명에 '엽기~', '불~' '응급실~'이라는 접두어를 붙이기 시작하였다. 바야흐로 대한민국은 현재 고추의 매운맛 전성시대를 누리게 된 것이다. 하지만 이렇게 매운맛에 열광하는 곳은 대한민국뿐만이 아닌 것 같다.

대한민국 시중에서 팔리고 있는 자극적 매운맛의 상품

앞서 설명한 고추의 연표에서 보듯 각국 사람들은 세계에서 가장 '매운맛' 고추를 개발하고자 노력하고 있다.

인간의 혀는 다섯 가지 맛을 느낄 수 있다고 한다. 짠맛, 쓴맛, 단맛, 신맛, 감칠맛이 있는데 여기에 매운맛은 포함되지 않는다. 매운맛은 통증의 감각으로, 이는 고추처럼 매우 자극적인 음식을 맛보고 '아프다!'라고 느끼는 것과 결부된다. 오히려 이러한 짜릿하고 묘한 감각이 자극이 되어 '매운맛'에 중독이 되어간다고 볼 수 있다. 매운맛을 찾는 현상은 이제 대한민국에만 국한되지 않고 글로벌하게 퍼져나가고 있다. 예를 들어 이웃 나라 일본의 경우에는 '게키카라(激辛)'라고 지독하게 매운 라멘 가게가 성업 중에 있다. 또 케이푸드(K-Food)가 한류 붐을 타고 유럽이나 세계 각국에서 순항 중에 있다. 메이드 인 코리아(Made in Korea)의 매운맛 제품을 손쉽게 구할 수가 있는 것이다. 이미 동양뿐만 아니라 많은 서양의 국가에서도 매운맛에 중독되어 '불닭볶음면', '엽기떡볶이', '신라면' 등과 같은 제품을 찾고 있다.

아이러니컬하게도 고추는 중남미에서 유럽으로 건너와 동양에 뿌리내렸고, 몇백 년이 지난 현재 동양에서 다시 바다를 건너 서양으로 확산되고 있다. 이렇게 세계는 서서히 K-고추의 매운맛에 빨갛게 물들어가고 있다. **(양민호)**

'화이트 골드' 설탕, 그 이면의 쓰라린 역사

설탕은 생각해보면 매우 특별한 물질이다. 공장에서 정제된 설탕은 순도가 거의 100%에 가까울 정도로 순수하고, 눈부시게 하얗다. 그리고 무엇보다 '달콤'하다. 하지만 이런 매력적인 이미지 뒤편에는 잔혹한 역사가 자리한다. 이것이 어쩌면 설탕의 가장 '특별한' 점일 것이다.

설탕은 인류와 함께 오랜 시간을 보냈다. 하지만 시대에 따라 다른 모습으로 변해왔다. 처음에 설탕은 '사치재'였다. 왕이나 귀족처럼 특수한 계층만 소비할 수 있었고 귀한 약으로 쓰였다. 설탕이 돈이 된다는 걸 알게 되자 설탕은 '보편재'가 되었다. 공장 생산이 가능해지면서 설탕의 가격은 점점 떨어졌고 마침내 누구나 소비할 수 있게 된 것이다. 그렇다면 지금 우리에게 설탕은 어떠한

베냉의 수상마을 간비에(출처: 부산MBC)

가? '정크푸드'의 대명사가 되어 건강에 관심 있는 이들은 설탕을 죄악시하고 있다.

이러한 설탕의 세 가지 모습은 시간이 흐름에 따라 순차적으로 발현되었지만, 현대 사회를 사는 우리들은 설탕의 세 가지 모습을 동시에 볼 수 있다. 특히 아프리카에서 그러하다.

서아프리카의 베냉. 아프리카에서도 가장 가난한 나라로 손꼽히지만 매우 안전하고 조용한 나라이기도 하다. 이곳에 아프리카에서 가장 큰 수상마을이 있다. '간비에(Ganvie)'라고 불리는 이 수상마을에는 무려 2만 명이 살고 있다.

이 수상마을에서 '약으로서의 설탕'을 찍을 수 있었다. 약초와 파인애플을 넣고 팔팔 끓인 뒤 설탕을 정성스럽게 뿌려서 아픈 아이에게 주는 것이다. 우리나라에서도 예전엔 설탕이 약으로 쓰였다. 이런 모습을 아프리카에서도 똑같이 볼 수 있어 흥미로웠다.

'약'으로서의 설탕(출처: 부산MBC)

약을 먹이고 가슴부터 배까지 정성스럽게 쓸어내린다. '설탕약'을 먹은 아이를 품에 안고 어머니는 감미로운 멜로디의 노래를 불러준다. 이 풍경 역시 우리 어머니들이 자식들에게 했던 그 모습 그대로다.

설탕이 약으로 쓰이는 것에는 과학적 근거가 있다. 설탕은 GI 지수(당 흡수율, 당이 소화 흡수되는 과정에서 몸 안의 혈당이 오르는 속도)가 68로, 콜라 58, 우유 27, 땅콩 14보다 월등히 높다. 모든 음식은 먹으면 소화작용을 거쳐 자당의 형태로 전환되는데, 설탕은 그 자체가 자당이다. 그래서 중간 과정 없이 바로 열량을 얻게 되는 것이다. 생물학적으로 사람들이 설탕을 좋아하는 이유가 여기에 있다. 근현대를 제외한 5000년 동안 인류는 기아에 허덕였다. 그래서 먹으면 바로 흡수되어 에너지를 북돋워 주는 달콤한 당을 좋아하도록 DNA에 각인되어 있는 것이다.

베냉의 간식 '도코'(출처: 부산MBC)

설탕이 약으로 쓰인다고 해서 지금까지 귀한 재료인 것은 아니다. 설탕을 듬뿍 넣은 '도코'라는 도넛은 아이들이 즐겨 먹는 베냉 최고의 간식이다. 심지어 남아공에서는 설탕으로 인한 비만과 성인병이 증가하자 '설탕세'까지 도입하였다. 설탕이 들어간 음료에 세금을 부과해 설탕 소비를 줄이려는 노력인 것이다. 즉, 이미 설탕은 지구에서 가장 가난한 대륙에서조차 흔하디흔한 물건이 된 것이다.

설탕 산지와 '모노컬처'의 비극

대항해시대의 대표적 설탕 산지는 대략 카나리아 제도 → 브라질 → 쿠바로 변해왔다. 대항해시대를 연 스페인이 유럽의 하와이

쿠바의 전경(출처: 부산MBC)

쿠바의 일몰(출처: 부산MBC)

라 불리는 '카나리아 제도'에 사탕수수를 보급했는데, 1493년 콜럼버스가 아메리카로 두 번째 항해를 할 때 카나리아 제도의 사탕수수 전문가를 데려갔다. 이때 아메리카에 사탕수수가 처음 전파된 것이다. 1547년에는 스페인이 쿠바에 사탕수수를 전파했다. 이후 전 카리브해 지역에 사탕수수가 급속도로 확산되었다. 이처럼 대항해시대 서구 열강의 식민지가 확대될수록 설탕도 점점 더 멀리 전파되었다.

당시 이들 나라들은 모두 서구 열강의 식민지로, 오로지 사탕수수 생산을 위한 기지로 전락해버렸다. 그로 인한 '모노컬처'의 폐해는 오래도록 깊은 상처를 남겼다. '모노컬처'란 단일경작으로 한 지역 혹은 한 국가의 모든 역할이 오로지 설탕 생산으로만 국한되는 것이다. 기본적 식량마저 자급자족하지 않고 수입하며 오로지 사탕수수 재배에만 주력하는 극단적이고 기형적인 산업형태인 것이다.

이 '모노컬처'의 폐해와 극복 과정을 취재하기 위해 쿠바로 향했다. 쿠바는 카리브해의 대표적인 섬나라이다. 아름다운 해변과 함께 춤과 노래, 모히토나 다이키리 같은 칵테일로 유명하다. 하지만 아름다운 풍광 뒤에는 설탕으로 인한 비극이 존재한다. 쿠바는 스페인의 식민지로 사탕수수의 대표적 산지였다. 사실 모히토나 다이키리와 같은 칵테일이 쿠바에서 발달한 것도, 그 재료인 '럼'이 바로 사탕수수로 만든 술이기 때문이다. 쿠바는 스페인에서 독립한 뒤에도 '설탕산업부'라는 별도의 정부 부처가 있었을 만큼 세계적인 설탕 생산 국가였다. 그러나 냉전 시대가 펼쳐지며 설탕 수출을 소련에만 의존하게 되었다. 그 소련마저 경제 위기 속에 설탕을 사주지 않자, 나라 전체의 경제가 휘청거리게 되었다.

사탕수수만 재배하던 탓에 먹을 식량조차 없었던 이 시기를 쿠바인들은 '특별한 시기'라고 부르며 지금도 기억하고 있다. 이후로 쿠바는 기초단위협동조합(UPBC)을 중심으로 '모노컬처'에서 '다품종 소량 생산'으로 전환에 성공했다. 이제 쿠바는 전 세계에서 유기농이 가장 앞선 나라 중 하나로 소개되고 있다.

중남미의 국가들이 설탕의 산지가 된 것은 스스로 원해서 된 것이 아니다. '화이트 골드'라고 불릴 만큼 돈이 되는 설탕. 그 설탕을 얻기 위한 서구 열강들이 그렇게 만든 것이다. 자, 이제 설탕을 만들기 위한 토대—사탕수수가 잘 자라는 땅—는 정해졌다. 남은 것은 '누가' 설탕을 만들 것인가 하는 문제이다.

설탕 제조 공정의 독특성

세계적 설탕 산지인 중남미의 여러 나라 중에서도 설탕을 수확하고 만들어지는 전 과정을 한 번에 영상으로 담을 수 있었던 곳은 바베이도스였다. 바베이도스는 우리나라에는 잘 알려지지 않았지만, 런던에서 직항 비행기가 있을 만큼 유럽인들의 휴양지로 유명한 작은 섬나라이다. 가수 리한나의 고국이기도 하며, 포세이돈의 삼지창이 들어간 국기가 이색적이다.

우리가 찾아간 'St Nicholas Abbey Sugar Mill'은 350년의 역사를 간직한 곳이다. 주인이 여러 차례 바뀌었는데 그중에는 드라마 〈셜록〉으로 유명한 컴버배치 가문도 있다. 바로 이곳에서 설탕이

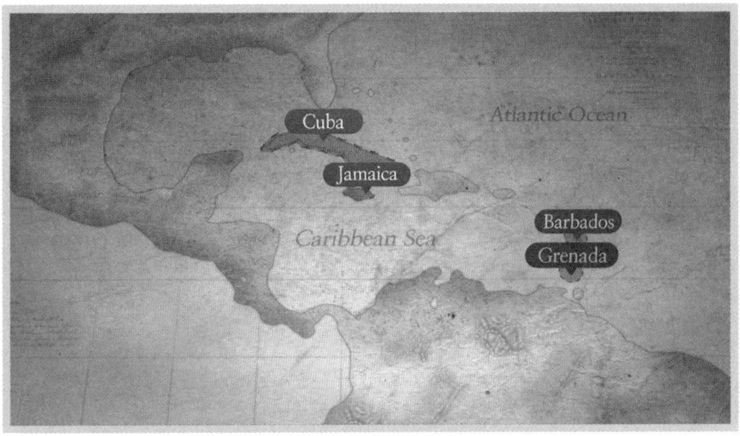

바베이도스의 위치(출처: 부산MBC)

바베이도스의 'St Nicholas Abbey Sugar Mill'(출처: 부산MBC)

클라크(William Clark), 〈안티구아의 열 가지 풍경(Ten Views of Antigua)〉, 1823.
(St. Croix Landmarks Society 소장)

만들어지는 과정을 살펴볼 수 있었다.

먼저 광활한 사탕수수밭에서 사탕수수를 수확해야 한다. 일단 수확한 사탕수수는 빠른 시간 안에 즙을 내야 하므로 설탕공장까지 지체 없이 이동해야만 한다. 4미터에 달하는 거대한 사탕수수를 옮기는 것은 쉬운 일이 아니다. 사탕수수는 외형이 대나무와 비슷해서 가볍다고 생각하기 쉬우나 속이 꽉 차 있어 매우 무겁다. 운반된 사탕수수는 일정 크기로 자른 후 거대한 압착기에 넣어 즙을 낸다. 과거 노예들은 맷돌처럼 생긴 압착기를 손으로 밀어서 돌려야 했다.

다음 공정은 이 즙을 끓여서 정제하는 과정이다. 한 번에 되는 것이 아니라 여러 차례 정제 과정을 거쳐야 순수한 설탕이 된다. 따라서 설탕 공장에는 하루 종일 불이 꺼지지 않았다. 이런 과정을 거쳐 순수한 정제물을 굳히면 설탕이 되는 것이다

이런 일련의 과정이 의미하는 것은 한마디로 매우 힘든 중노동이라는 것이며, 그것도 고도로 규율화된 집단 노동력이 필요하다는 것이다. 그래서 '근대적 공장'의 시작을 설탕 플랜테이션으로 꼽기도 한다.* 이처럼 노동집약적인 설탕 제조 공정의 특성 때문에 노동력이 늘 부족했다. 아메리카 원주민들만으로 역부족이자 그들은 곧 대체공급처를 발견했다. 그곳은 바로 아프리카였다. 아프리카의 흑인들을 강제로 배에 실어 대서양을 가로질러 머나먼 중남미 지역에서 설탕을 만들게 한 것이다.

---

* 가와기타 미노루, 장미화 옮김, 『설탕의 세계사』, 검둥소, 2003, 55쪽.

노예화를 부르는 작물

한국 사회는 〈뿌리〉라는 미국 드라마를 통해 흑인 노예의 참상을 처음 접했기에 '흑인 노예=미국의 면화 재배'를 먼저 떠올린다. 그러나 아프리카에서 보낸 노예의 4%만이 북아메리카로 보내졌다고 한다. 즉, 노예 가운데 96%가 카리브해와 브라질, 여타 남아메리카로 갔고 이들은 대부분 설탕 관련 노동에 종사했다.*

앞서 '베냉'이라는 나라를 다녀온 이야기를 했는데 바로 이 나라가 위치한 서아프리카 해안 일대가 '슬레이브 코스트'로 불릴 만큼 노예무역의 중심지였다. 베냉의 수도인 '포르토노보(Porto-Novo)'에는 '다 실바 박물관'이 있는데 이곳에서는 리버풀의 '노예 박물관'에서와 또 다른 시각에서 노예 문제를 살펴볼 수 있었다.

> "처음에는 노예를 아메리카 인디언들 중에서 찾아다녔습니다. 그런데 인디언들은 지구력이 부족해 강도 높은 노동을 버티지 못했습니다. 고된 노동을 하기에는 적합한 힘을 갖고 있지 않았던 것이죠. 일을 하다 병이 나서 죽는 일들이 반복됐습니다. 그래서 아프리카로 오게 된 것이죠. 건장하고 힘이 좋은 노예들을 찾기 위해서, 그래서 흑인들이 노예로 많이 잡혀가게 된 것입니다."-질베르트 쿨리발리(다 실바 박물관 학예사)

---

* 가와기타 미노루, 위의 책, 77쪽.

서구 열강은 사탕수수가 잘 자라는 남미, 카리브해 지역에 아프리카계 사람들을 납치해 강제노역을 시켰다. 노동집약적인 설탕 제조 공정의 필수 노동력을 아프리카의 흑인들에게 떠맡긴 것이다. 물론 설탕 때문에 노예제가 생긴 것은 아니다. 인류 역사에서 '노예'는 아주 오랜 역사를 가진다. 하지만 이 시기의 노예화는 그 차원이 다르다.

-숫자: 무려 1200만 명의 아프리카인들이 끌려갔으며
-거리: 대륙 간의 초장거리 노예무역이었고
-기간: 300년이 넘는 기간 지속되었으며
-편견: 아프리카라는 특정 문명권의 사람 전체가 노예화되면서 인종주의와 결부되었다.

'유럽인'들의 주도하에 '아프리카인'들을 노예로 끌고 가서 '아메리카'에서 설탕 공장을 운영하는 것. 그렇게 만들어진 것이 바로 '설탕'이었다.

> "그렇게 달콤한 설탕이라는 물건 때문에 그토록 많은 죄악이 자행되었고 많은 사람들이 죽어갔다는 것을 납득하기 힘들다."
> -에릭 윌리엄스(역사학자이자 트리니다드 토바고의 수상)

참혹한 삼각무역의 현실

'삼각무역'이라는 단어를 누구나 들어본 적이 있을 것이다. 하지만 설탕이라는 하나의 구체적 사물을 중심으로 어떻게 삼각무역이 전개되었는지를 알게 되는 순간 완전히 다른 느낌으로 피부에 와닿는다. 이것은 무서우리만큼 효율적인 시스템이다. 영국의 저명한 음식 역사학자 '아이반 데이(Ivan Day)'를 만나 직접 설명을 들었다.

> "노예들은 유럽 선박에 실려서 아프리카를 떠나 브라질로 옮겨졌고 거기서 배는 설탕을 싣고 다시 유럽으로 향했습니다. 그러니까 선박들은 노예라는 화물을 싣고 브라질이나 아메리카의 섬으로 와서 노예를 처리한 후에 이번엔 설탕을 싣고 리버풀이나 리스본, 런던으로 와서 판매를 했죠. 그다음 다시 노예 상인에게 판매할 화물을 배에 싣습니다. 이것이 바로 '삼각무역'입니다. 매 항해마다 화물을 싣는 거죠. 첫 항해에는 노예, 두 번째는 설탕 그리고 세 번째는 노예를 살 수 있는 의류나 면직물을 싣습니다. 매 항해마다 돈을 버는 겁니다. 배가 빌 틈이 없었죠."-아이반 데이(영국 음식 역사학자)

배가 한시도 비지 않는다. 삼각형의 꼭짓점(항구)을 돌 때마다 돈을 번다. 참으로 효율적이면서도 섬뜩한 시스템인 것이다. 당시 브리스톨이나 리버풀 같은 항구도시에서 배가 출항한 뒤 이 배가 삼각무역 시스템대로 아프리카와 아메리카를 지나 다시 영국으로 돌아오기만 하면 요즘 말로 '잭팟'을 터뜨린 것과 같았다고 한다. 당대의 가장 고부가가치 산업이었던 것이다. 이러한 '삼각무역'의 고리를 하나하나 직접 눈으로 목격하고 촬영할 수 있었다.

아프리카-'노예의 길'과 '돌아올 수 없는 문'

아프리카 베냉에는 '노예의 길'이라고 명명된 길이 있다. 그 시작점인 '차차 광장'에서는 노예시장이 열렸다. 아프리카 각지에서 잡혀 온 노예들이 이 광장에서 거래되는 것이다. 노예들을 잡아 오는 노예 사냥꾼에는 놀랍게도 같은 흑인들이 많았다. 사실 앞서 본 베냉의 수상마을 간비에는 당시 악명 높은 노예 사냥꾼이었던 '다호메이' 종족에게서 도망치다가 생겨난 은신처인 것이다. 그렇게 붙잡혀 가격이 매겨지고 팔린 노예들은 쇠사슬에 묶인 채 노예선이 정박해 있는 항구까지 걸어가야만 했다.

이른바 '노예의 길'로 명명된 그 길을 따라 걷다 보면 '상품 가

베냉의 '돌아올 수 없는 문(GATE OF NO RETURN)'(출처 : 부산MBC)

치'가 없어진 환자들을 산 채로 버린 장소가 나온다. 수천수만의 시체들이 긴 세월 그대로 노출되어 있었다고 한다. 다행히 지금은 묘지로 조성되어 있다. 뿐만 아니라 고향으로 살아서 돌아오기를 바라며 노예들이 반드시 세 바퀴를 돌며 지났던 거대한 고목, 노예선이 마침내 내려다보이는 곳에 세워진 '돌아올 수 없는 문(GATE OF NO RETURN)'에 이르기까지 노예의 길 굽이굽이마다 노예들의 애환이 서려 있지 않은 곳이 없었다.

베냉의 '돌아올 수 없는 문'이 아무것도 없이 텅 빈 해변가에 있어 쓸쓸하고 황량하기까지 하다면 이웃 나라 가나에는 '케이프 코스트 캐슬'이라는 웅장하고 거대한 요새 안에 같은 이름의 문이 있다. 미국의 오바마 대통령이 가족과 함께 이곳을 방문하는 장면은 CNN을 통해 전 세계에 생중계되기까지 했다. 아프리카 흑인 노예의 후손으로 알려진 부인 미셸 오바마와 함께, 미국의 첫 흑인 대통령이 노예들이 팔려갔던 이곳을 방문하는 장면은 그야말로 역사적인 순간이기 때문이다.

이곳 케이프 코스트 캐슬에는 노예들이 갇혀 있던 지하감옥(던전)이 그대로 남아 있다. 빛이 들어오지 않는 캄캄한 방의 바닥에는 놀랍게도 '오줌길'이 그어져 있다. 노예들은 용변을 보는 자유조차 허용되지 않았던 것이다. 이런 지하감옥에 몇 달째 갇혀 있던 노예들은 '돌아올 수 없는 문'을 지나 마침내 노예선에 오르게 되는 것이다.

흑인 노예들이 탑승했던 노예선은 지옥 그 자체였다. 노예들을 철저히 '화물'로 인식하여 노예선에 노예들을 '효율적'으로 싣는 방법을 따로 연구하는 전문가가 있을 정도였다. 선원들은 150킬로

가나의 '케이프 코스트 캐슬(CAPE COAST CASTLE)'(출처 : 부산MBC)

가나의 '돌아올 수 없는 문(GATE OF NO RETURN)'(출처: 부산MBC)

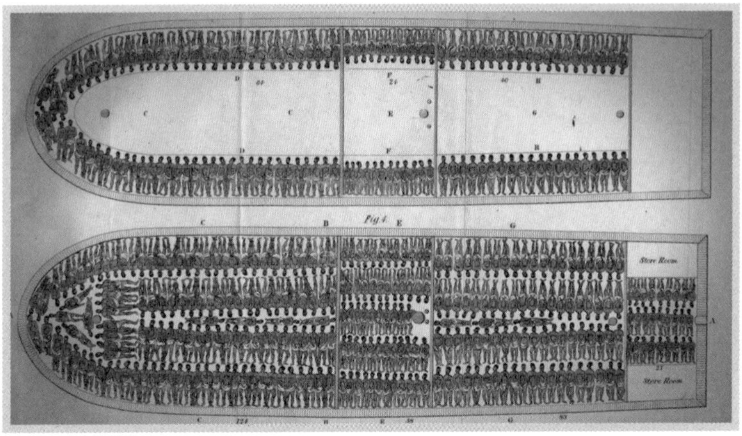

노예선 '브룩스호'의 내부 단면도(1781)(출처: 영국 리버풀 노예박물관 소장)

미터 밖에서도 노예선이 오는 것을 알 수 있었을 정도로 노예선의 냄새는 지독했다고 한다. 대변, 소변, 구토, 피가 뒤엉킨 냄새 때문이었다.

영국 리버풀 노예박물관에 소장된 노예선 브룩스호의 내부 단면도(1781)를 보면 과연 조금이라도 더 많이 노예를 싣기 위해 고심했던 흔적이 고스란히 느껴진다.

브라질의 노예시장

대서양을 횡단하는 기나긴 항해를 견디며 노예들이 도착한 곳은 사탕수수 재배지인 중남미 지역이다. 이 중 가장 큰 노예시장이 있었다는 브라질의 살바도르 지역을 방문했다.

살바도르는 리우데자네이루나 상파울루에 비해 우리에게는 잘 알려지지 않은 곳이지만, 포르투갈이 정한 브라질의 첫 번째 수도

브라질 살바도르(출처: 부산MBC)

살바도르 '모델로 시장(MERCADO MODELO)'(출처: 부산MBC)

였다. 브라질의 다른 지역과 달리 지금도 대부분 흑인들이 거주하여 '흑인들의 로마'라는 애칭으로도 불린다. 살바도르의 데 바이아 역사지구는 16~18세기 신대륙의 첫 번째 노예시장이자 남미 최대의 노예시장이 있었다.

해안에 바로 접한 '모델로 시장(MERCADO MODELO)'은 설탕 플랜테이션을 위하여 1558명의 노예들이 최초로 도착한 곳으로, 르네상스 양식의 건축물이 지금도 잘 보존되어 있었다. 내부로 들어가면 관광객을 위한 기념품 상점들이 즐비하다. 이 건물의 지하에는 '케이프 코스트 캐슬'의 지하감옥과 같은 대형 노예 수용소가 남아 있다고 한다. 아쉽게도 우리가 방문한 당시에는 출입이 금지되어 있었다.

지하감옥에 있던 노예들은 노예시장이 열리면 '모델로 시장' 광장에서 물건처럼 거래되었다. 한 가족이 뿔뿔이 흩어져 팔려나가는 경우도 비일비재했다. 사탕수수밭으로, 설탕 공장으로 팔려간 노예들이 그때부터 겪어야 하는 비참한 현실은 여러 영화와 드라마로 소개되어 다시 말할 필요가 없을 것이다. 다만 그에 관한 여러 문헌 중에서 놀랍게도 노예들이 그 참상을 직접 저술한 경우가 있음을 언급하고 싶다.

-야코부스 요하네스: 아프리카 노예 출신으로 최초로 박사학위를 받음.
-에퀴아노: 노예 중 글로 기록을 남긴 극소수의 인물 중 하나로 회고록을 남김.
-메리 프린스: 흑인 여성 노예 최초로 문자 기록을 남김.

이 중 에퀴아노의 회고록은 국내에도 번역이 되어 있다(『에퀴아노의 흥미로운 이야기』). 에퀴아노는 앞서 여러 차례 언급한 '베냉'에서 납치되어 노예로 팔려가고, 이후 해방된 노예로서 영국인 여성과 결혼까지 했다. 영국 여왕에게 탄원서를 보내 다른 노예를 위한 구명운동에 앞장선 그의 드라마틱한 일생은 꼭 한번 접해볼 만하다.

설탕의 향연

> "설탕은 자본주의 발전으로부터 강력한 자극을 받았고, 동시에 자본주의 발전의 강력한 추진력이 되었다."-마누엘 모레노 프라기날스(쿠바 역사학자)

세계 인종의 지도를 바꿀 만큼 인류사에 유래 없던 집단 강제이주와 착취를 보고 나면 '새하얀' 설탕은 '검은' 노예들의 피와 땀으로 만들어진 것이라는 생각이 든다. 서구 열강은 그들이 창안한 시스템에서 만들어진 그 설탕의 '단맛'을 마음껏 만끽하고 문명을 꽃피웠다.

화려한 설탕공예(Sugar Craft)

'설탕공예'라는 말은 우리에겐 낯설다. 하지만 오늘날 '웨딩 케이크'의 원조가 되었다고 하면 조금 친숙하게 느껴질 것이다. 영국

영국의 '설탕공예'(출처: 부산MBC)

에는 아직도 설탕공예를 하나의 '작품'으로 만드는 이들이 많다. 그런 장인을 만나 직접 촬영한 설탕공예는 참으로 화려했다.

설탕이 '약'으로 쓰일 만큼 귀하디귀했던 시절, 유럽의 왕들은 설탕으로 파티용 데코레이션을 만들어 여흥을 즐긴 뒤 부수어 먹는 것이 유행처럼 번졌다고 한다. 작품이 크면 클수록 자신의 권위가 높아진다고 생각한 왕들은 수만 킬로그램의 설탕으로 '궁전'을 만들기도 했다고 한다. 이런 설탕공예는 식민지의 흑인들이 만든 설탕을 흥청망청 즐겼던 당대 유럽의 사치스러움을 극명하게 보여주는 하나의 사례이다.

설탕, 음식문화를 바꾸다

'영국' 하면 떠오르는 이미지 중에 빠질 수 없는 것이 '차'이다. 홍차에 설탕을 듬뿍 넣어 마시는 티 파티. 영국의 상징과도 같은 이런 모습은 대항해시대 식민지에서 설탕이 공급되면서부터 형성된 것이다.

티 파티의 모습을 제대로 촬영하기 위해 런던의 3대 호텔이라

영국 런던의 사보이 호텔 '티 파티'(출처: 부산MBC)

불리는 '사보이 호텔'을 섭외하였다. 사보이 백작이 사보이궁으로 사용하던 것을 훗날 병원 등으로 사용하다가 1889년 호텔로 개조한 이래로 지금까지 호텔로 유지되고 있다.

고풍스런 호텔 로비에 애프터눈 티 파티 회원들이 입장하여 자리를 잡으면 종업원이 오늘의 스페셜 티에 대한 설명을 하면서 주문을 받는다. 이런 모습은 과거와 다르지 않을 것이다.

> "우선 블랙퍼스트 블렌드(breakfast blend)는 홍차의 왕과 여왕이라 불리는 실론과 아삼으로 만들었고 애프터눈 블렌드(afternoon blend)의 경우에는 스리랑카에서 나온 실론과 다즐링으로 만든 것인데 좀 더 부드럽고 향이 있는 차입니다. 블랙퍼스트 블렌드에 비해서 조금 더 마시기 쉽고 좀 더 개운한 맛이 있습니다."

이런 설명을 들으면 당대 영국인들의 상황을 상상해보게 된다. 제국의 동쪽 아시아에서 온 차와 제국의 서쪽 카리브해에서 온 설탕이 바로 이곳 영국에서 만나게 되는 것이다. 당시 영국인들에게는 이 얼마나 짜릿하고 황홀한 맛이었을까?

설탕, 커피하우스의 탄생

설탕은 유럽에 여유와 낭만만을 더한 것이 아니다. 실질적으로 사회를 바꾸는 계기가 되기도 했다. '커피하우스'라는 공간을 통해 자유주의와 민주주의의 싹이 텄고 설탕 무역을 통해 축적된 자본으로 산업혁명이 가능했다.

설탕을 듬뿍 뿌린 차를 마시는 커피하우스는 근대 자유주의와 민주주의의 탄생을 도운 정보교환과 담소, 토론의 장소였다. 신분과 계급에 상관없이 누구나 1페니의 커피 한잔 값만 지불하

영국 런던 '자메이카 커피하우스'(출처: 부산MBC)

면 커피하우스에서 하루 종일 시간을 보내며 유용한 지식과 정보를 들을 수 있어 '페니대학(Penny University)'이라는 별칭으로 불리곤 했다.

젠틀맨의 두 얼굴

영국이 가진 좋은 이미지 중에는 '젠틀맨'도 있다. '영국 신사'라는 말이 있듯이 우리에게 친절하고 예의 바른 남자를 떠올리게 한다. 하지만 영국의 지배계급은 과연 '젠틀'했을까?

영국의 지배계급은 식민지의 사탕수수 플랜테이션을 보유한 농장주였다. 자메이카와 바베이도스에서 방문했던 사탕수수 플랜테이션에는 광활한 사탕수수밭 너머로 하나같이 화려한 대저택이 있었다. 이 저택은 당연히 농장주의 저택이다. 이런 저택들에는 괴담이 존재하는데, 잔인하게 살해당한 흑인 노예들의 원혼에 얽힌 것들이다. 아예 '고스트 스팟'이 되어 관광객을 유치하는 곳도 있었다.

노예 소유는 일부 젠틀맨의 일탈이 아니다. 예를 들어 영국의 항구도시 브리스톨에는 '에드워드 콜스턴'이라는 위대한 자선가가 있었는데 그가 노예무역에 깊이 연루된 사실이 최근 밝혀지기도 했다. 또한 런던 대학(University College London)의 닉 드래퍼(Nick Draper) 교수에 의하면 1883년 영국에서 노예제가 폐지될 때, 영국 정부는 그동안 고생한 노예들이 아니라 노예를 소유한 '젠틀맨'들에게 오히려 보상을 해준다. 제도 변화로 인한 '재산상의 손실'을

J. G. Stedman. *Narrative of a Five Years' Expedition against the Revolted Negroes of Surinam*, in Guiana. London: J. Johnson, 1796.
(출처: Engraved by William Blake from a drawing by J.G. Stedman.)

보전해준 것이다. 이때의 보상 기록이 그대로 남아 있는데, 이를 데이터베이스화한 결과를 보면 일부 지역이 아니라 영국 전역에서 무수히 많은 이들이 노예를 소유했음을 알 수 있다.

성찰의 문명을 기대하며

이처럼 새하얗고 달콤한 설탕의 이면에는 쓰라린 역사가 있다. 비유하자면 끔찍하고 잔혹한 극대비의 드라마이다. 흑인들이 납치, 강제이주, 감금, 폭행, 죽임을 당하는 동안 백인들은 설탕공예, 민주주의, 커피와 홍차 문화, 산업혁명을 이루어가기 때문이다.

그런데 '설탕은 희다'는 것은 당연한 진리일까? 우리나라 굴지

제일제당 '원당 창고'(출처: 부산MBC)

의 대기업 설탕 공장에는 설탕의 원재료가 되는 '원당'이 쌓여 있는 창고가 있다. 체육관만 한 어마어마한 창고 안으로 들어서면 눈앞에 펼쳐지는 것은 거대한 설탕의 산! 그런데 그 산은 흰색이 아닌 갈색이다. 원래 설탕의 모습은 '갈색'이다. 그리고 사탕수수가 뿌리 내린 토양에 따라 맛과 향이 제각각 다르다. 그런 다양성이 사라지고 오직 새하얀 설탕만 존재하는 것이 과연 당연한 것일까.

설탕이 우리에게 폭로하는 것은, 결국 착취와 폭력 그리고 획일성이 지배해온 '야만의 역사'이다. 우리는 설탕 알갱이 한 알에 담긴 이 이야기에 귀를 기울여야 한다. 그것이 착취와 폭력에 기대지 않는 새로운 문명의 시작이 되지 않을까? **(이성규)**

커피향 속에 문화와 세계경제가 들어 있다!

우리나라는 커피공화국이라 불릴 만큼 커피애호가들이 많으며 이에 더해 커피의 수입량과 매출량 또한 상당히 많다. 김치보다 커피를 더 많이 섭취한다고 할 정도로 일상생활에 깊이 스며들어 커피사회가 된 우리나라. 커피는 어떻게 사람들에게 대중화되었을까? 커피애호가들이 커피를 좋아하는 마음은 국적 관계없이 다 같지만, 커피의 역사나 문화 그리고 향유하는 방법들은 나라마다 다 다르다. 그럼 각 국가별 일반 대중들에게 스며들어 간 커피향 속에는 어떤 역사와 사회문화 및 경제적인 배경이 있었을까? 필자는 전근대시기를 중심으로 커피문화가 처음 생성되고 발달한 예멘과 터키 등 아랍지역과 커피가 전 세계적으로 확산되게 된 영국이나 프랑스 등 구미대륙 그리고 한국을 중심으로 커피향 속의 이야기를 펼쳐볼 것이다.

커피의 어원과 탄생

커피의 어원은 커피의 원산지인 에티오피아의 남서부 '카파(Kaffa)'와 커피의 아랍어 명칭 '까후와(قَهْوَة)'에서 유래되었다는 두 가지 설이 있다. 카파는 에티오피아어로 신(God)을 의미하는 Ka와 만물이 소생하는 땅을 뜻하는 Afa의 합성어로서 '신이 주신 풍요로운 땅'이라는 뜻이다. 아랍어의 '까후와'는 '배고픔을 줄이다'라는 의미의 '까히야'의 변화형으로, 원래 와인의 한 종류를 가리키는 말이었으나 와인과 유사한 각성효과가 있는 커피에도 붙여졌다고 한다. 아랍어 까후와는 오스만투르크어 카흐베(kahve)로 흘러들어 갔고, 다시 네덜란드어 코피(koffie)로 간 것이 1582년에 영어(coffee)가 되었다. 한국어 '커피'는 영어 coffee에서 온 말이고 커피가 들어왔던 개화기 당시는 한자로 가배(珈琲), 가비(咖啡), 가배차(茶) 등으로 사용되었다.

그럼 마치 체리 색깔과도 닮은 빨갛고 신맛을 내는 커피열매가 어떻게 세계에서 많이 소비되는 음료의 원료가 될 수 있었을까? 커피가 확실하게 어떻게 탄생되었는지에 대한 기록은 없다. 다만 커피의 기원에 대해서는 세 가지 전설(목동 칼디, 가브리엘, 오마르)이 있고 그중에서 목동 칼디의 전설이 가장 잘 알려져 있다.

목동 칼디(Kaldi)의 전설

8~9세기 무렵 에티오피아에서 염소를 치던 칼디(Kaldi)는 높은 평지에서 관목의 빨간 열매를 따 먹은 염소들이 밤늦게까지 잠을 안 자고 흥분하여 뛰어논다는 것을 알았다. 칼디는 직접 그 열매를 먹어보았고 그 결과 정신이 맑아지고 힘이 솟는 듯한 기분을 느껴 수도원 원장에게 자신의 체험을 알렸다. 원장은 "그것은 필시 악마의 장난이다!"라고 하며 나무와 열매를 태울 것을 명하였다. 그런데 타고 있던 나무와 열매로부터 향긋한 커피의 냄새가 퍼졌고, 이것을 신기하게 생각한 원장과 수도승이 직접 먹어본 결과 피곤함을 덜어주는 커피의 각성효과를 발견했던 것이다. 이후 이들이 커피열매를 수도승들이 철야 종교의식 때 깨어 있기 위한 방안으로 사용했다는 전설이다.

에티오피아에서 처음 커피를 발견했을 때 커피나무의 명칭은 분(bunn)이었는데 이 분의 생두와 잎사귀는 처음엔 단순히 씹어서

커피의 시작, 목동 칼디와 염소에서

먹었던 듯하다. 그다음에 이들은 잎과 열매를 약한 차처럼 뜨거운 물에 끓여 먹는다든지, 생두를 갈아 가축의 기름과 섞어 동그랗게 빚어 여행자의 휴대용 식량으로 이용하거나 또 전사들이 싸움터에 나가기 전에 먹었다고 한다. 이처럼 커피는 초기에는 음료보다는 잠을 깨는 약이나 음식에 가까웠고 그 이후에는 과육을 발효시켜 술을 만들기도 했으며, 또 모카와 같이 생두의 과육을 제거해 배전 후 물을 끓인 키쉬르(Kisher)라는 달콤한 음료를 만들어 마시기도 했다. 커피가 음료로 사용되기 시작한 것은 1100년경부터이고, 문헌에 처음 등장한 것은 10세기로 페르시아의 내과의사 라제스의 의학 서적에 '커피'라는 말이 나왔다고 한다.

커피는 어떻게 전파되었을까?

8~9세기경 커피원두가 에티오피아에서 발견된 이후 11~12세기경에 홍해를 건너 아라비아 반도의 예멘지역으로 전파되었고, 15세기경부터 예멘지역에서 재배되었다. 예멘에서는 이슬람 수도승들에게 고행을 극복하고 활기를 주는 신비한 약물로 사용되던 커피가 포교활동의 수단과 종교적 의식에 사용되기도 했다. 또 15세기쯤에는 아라비아에 인접한 페르시아를 중심으로 전파되었고 페르시아는 기후적 요인으로 커피가 생산되진 않았지만 일찍 전파되어 커피하우스 문화가 크게 확산되었다. 페르시아 커피하우스에서는 정치적인 모임은 하지 않는 대신 환락적인 분위기 때문에 문란한 일이 많이 발생해 사회문제가 되기도 했다. 1453년에는

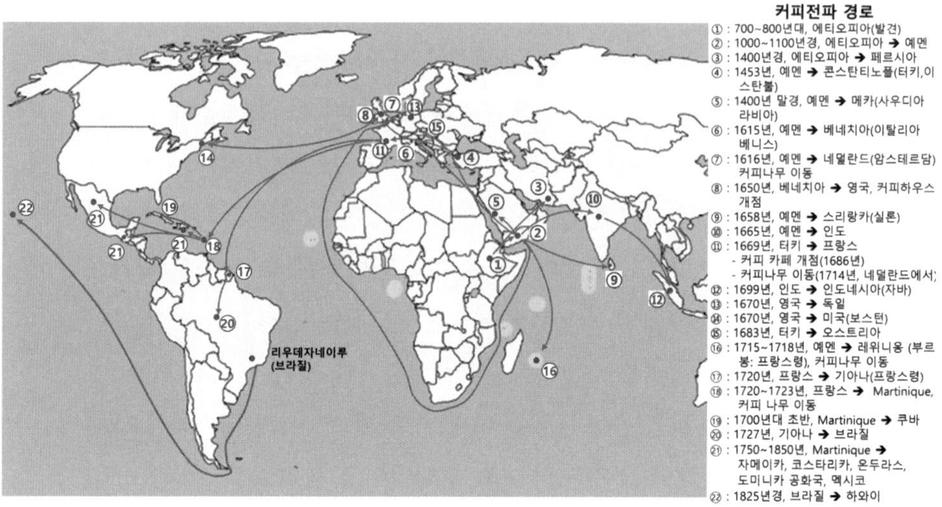

오스만제국의 수도 콘스탄티노플(현 튀르키예의 이스탄불)에 커피가 소개되었고, 1475년 세계 최초의 커피하우스 '키바 한(Kiva Han)'이 그곳에 탄생했다.

15세기 말엽 예멘 북쪽의 이슬람 성지 메카로 전파된 커피도 예배를 드릴 때 졸음으로부터 벗어나기 위한 목적으로 음용되었고, 자연스럽게 16세기 무렵에는 이슬람 성원의 주변에 커피하우스가 생겼다.

한편 16세기 들어 오스만제국이 아라비아지역을 통일함에 따라 커피문화는 북쪽의 튀르키예로 확산되었다. 종교적으로 마시던 커피가 비로소 원두를 볶은 후에 추출해서 마시게 되었던 것이다. 튀르키예에서 커피하우스가 처음 열린 시기는 슐레이만 대제가 통치하던 1544년으로 '차이하나'라는 커피하우스가 이스탄불에 열렸다. 사람들은 이곳에서 커피를 마시며 기분을 전환하고 게임을 하는 한편 지식도 나누었다. 그러나 사람들이 모스크 사원에 가서 예배를 하지 않고 커피하우스에 몰려들자 이슬람 신학자들은 커피를 '악마의 음료'라고 비난하기도 했다.

유럽에서는 12세기 십자군 전쟁 때 커피가 처음 들어왔으나 이슬람의 음료라고 배척되었다. 그 후 유럽에 처음으로 커피를 소개한 것은 1615년 이슬람 상인들과 무역을 하던 이탈리아 베네치아 상인들이었다. 베네치아에서는 처음에는 약으로 인식되었으나 점차 기호식품으로 자리 잡았다. 1645년 유럽 최초로 이탈리아 베네치아에 커피하우스가 열렸으며, 1720년 베네치아 산마르코 광장에서 문을 연 카페 '플로리안(Florian)'은 현존하는 최고의

현존하는 이탈리아 최고의 카페 플로리안

카페이다.

1616년에는 네덜란드의 무역상들이 예멘에서 암스테르담으로 커피나무 한 그루를 실어 날랐다. 아랍지역에서부터 시작되어 베네치아를 거친 커피가 옥스퍼드, 런던으로 들어와 1650년 옥스퍼드 대학가에 튀르키예계 유대인 제이콥스(Jacobs)가 영국 최초의 커피하우스를 연 것에서 영국의 커피 역사가 시작된다. 1658년에는 예멘에서 스리랑카로, 1665년에는 인도의 이슬람 승려인 바바 부단이 남예멘에서 순례를 마치고 귀국할 때 커피 씨앗 일곱 알을 몰래 반출해 인도 남부의 카르나타카에 종자를 뿌려 재배에 성공하게 된다. 1669년 튀르키예의 대사였던 슐레이만 아가(Suleyman Aga)가 프랑스에 처음 커피를 소개하자, 커피는 곧 파리에서 대중적인 음료가 되었고 1714년 네덜란드에서 프랑스로 커피나무가 이동한다.

1699년에는 네덜란드인들이 인도에서 자바로 커피나무를 가져가 대규모 커피농장을 설립했고 독일에서는 1670년에 영국으로부터 커피가 소개되었다. 그리고 미국은 1670년경에 영국에 의해 커피가 반입되었다고 여겨지는데, 1683년경에 뉴욕은 커피원두의 국제적인 거래장이 되었고 보스턴 등에서도 속속 커피하우스가 개점한다. 오스트리아는 1683년 오스만제국과의 전쟁에서 퇴각한 튀르키예군이 남겨둔 콩 모양의 500개 포대를 프란츠 콜스키츠키(Franz Kolschitzky)가 빈으로 가져가 1686년에 처음으로 '블루보틀(Blue Bottle)'이라는 커피하우스를 열었던 것에서 시작된다.

이후 남미로의 커피전파를 살펴보면, 프랑스령에 속했던 레위니옹(1715~1718)과 기아나(1720)로도 커피나무 이동으로 시작되었고

1723년에 프랑스인 가브리엘 드 클리외가 커피나무 한 그루를 프랑스에서 마르티니크로 가져간다. 1700년대 초반에는 마르티니크에서 쿠바로, 1727년에는 빨레따(Francisco Melo Palheta)라는 대령이 가이아나 총독 부인으로부터 꽃다발 속에 숨겨진 커피묘목을 받아 기아나에서 브라질로 퍼졌으며, 이것이 그 이후 주변의 남미국가로 널리 전파되었다. 1825년경이 되면 브라질 리우데자네이루에서 하와이로 커피나무가 전파한다.

한국을 살펴보면, 1884년 3년 동안 조선에서 의료선교사로 일했던 알렌의 일기에 "어의로서 궁중에 드나들 때 시종들로부터 홍차와 커피를 대접받았다"는 글이 남겨져 있다. 그리고 1890년쯤 『서유견문록(西遊見聞錄)』에서 유길준이 커피와 홍차가 중국을 통해 조선에 소개됐다고 적고 있으며, "우리가 숭늉을 마시듯 서양 사람들도 커피를 마신다"고 하고 있다. 이것으로 1896년 고종이 러시아 공사관에서 커피를 국내에서 처음 마셨다는 설은 신빙성이 약하다고 볼수 있다. 한국의 커피 유입은 청나라를 통해 이루어졌을 가능성이 매우 크지만 일본, 청나라, 미국에 파견된 외교사절단이나 선교사 혹은 유학생 등을 통해서 커피가 유입되었을 가능성에 대해서도 열어두어야 할 것이다.

커피향 속에 담긴 세계 문화

커피가 재배되기 시작한 예멘의 모카항은 15세기 중엽부터 적어도 200년 이상 이슬람 지역 무역의 중심지였고, 모카를 통해 수출되는 에티오피아 커피와 모카 주변의 예멘내륙에서 생산되는 커피를 통칭한 모카커피가 유럽으로 수출되었다. 커피문화가 유럽에 전래된 것은 17세기이며 아랍과 이슬람문화권에 사는 사람들이 주로 커피를 마셨던 탓에, 기독교 문화가 지배적인 유럽인들은 커피에 대해 문화적 거부감이 컸다. 그러나 이 편견을 깨뜨린 것은 교황 클레멘스 8세였다. 커피를 마셔본 교황은 "악마의 음료치고는 이건 너무 맛있으니 커피에게 세례를 주겠다"고 선언했다고 한다. 이 시기를 즈음해서 커피가 유럽에 퍼지기 시작했고 커피하우스가 무수히 생겼으며 이곳은 이후 유럽문화와 예술, 정치와 혁명의 중심지가 됐다. 그럼 먼저 예멘을 비롯한 영국과 프랑스 등 구미대륙 그리고 한국을 중심으로 커피향 속에 담긴 문화에 대한 이야기부터 시작해볼까 한다.

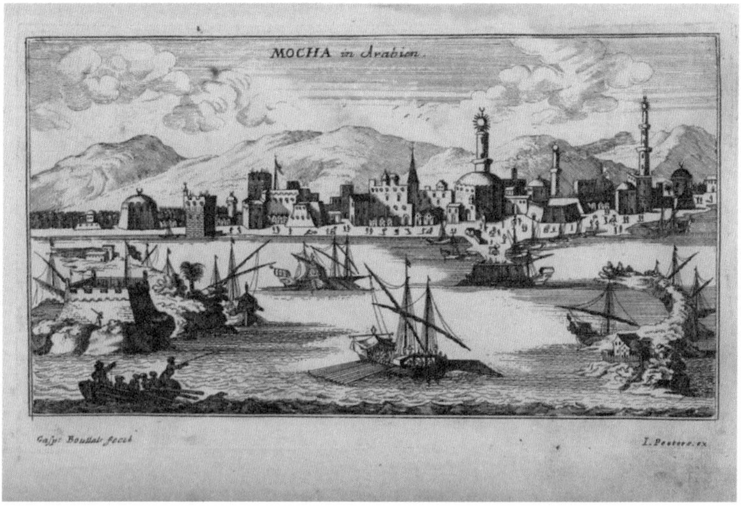

모카항(1692년)(출처: Wikipedia)

모카커피와 예멘

모카는 예멘의 대표적인 무역항으로 17세기 후반에서 18세기 초반, 커피 재배지가 실론과 자바 등 동인도 지역으로 확장하기 전까지 세계 커피시장을 독점하고 있었다. 세계인에게 알려진 커피 맛은 모카에서 수출된 것이었고 따라서 '모카=커피'라는 인식이 생겨났다. 이에 모카라는 의미는 예멘과 에티오피아에서 생산되는 커피를 일컫는 말이 되었고, 아라비아반도 전체에서 생산되는 커피의 이름에서 출발하여 커피 그 자체를 의미하는 용어로도 널리 사용된다. 또 카페모카나 모카치노 등 커피에 초콜릿 시럽이 가미되었다는 뜻으로도 사용되고 있는데 이것은 예멘의 모카커피에서 초콜릿의 향이 느껴져 모카가 초콜릿이라는 인식이 생겼기 때문이다. 그런데 18세기 초 이후 커피의 생산과 소비의 폭발적 증가에도 커피무역의 시초인 모카항에서는 커피 거래가 크게 위축되었다. 그 요인은 흑사병으로 인한 도시기능 마비와 오스만터키 세력 그리고 영국을 포함한 서유럽 제국주의 세력이 이 지역의 패권을 두고 크고 작은 전쟁을 잇달아 벌였기 때문이다.

1페니 대학교였던 영국의 커피하우스에서 정치 · 경제 · 학문이 탄생

커피에 대한 문화는 사람들이 커피를 마시기 위해 모였던 커피하우스에서 싹이 텄다고 할 수 있다. 런던의 커피하우스는 1683년에는 3,000여 곳, 1714년에는 8,000여 곳에 달했을 정도로 커피하우스 문화가 번성을 했다. 그 이유는 무엇이었을까?

17세기 중반 영국 커피하우스는 사람들의 정보교환은 물론, 정

18세기 영국 커피하우스

보전달의 매개체인 신문 발행에 대한 논의와 자루를 걸어놓고 배달하는 시스템인 우체국 역할도 하게 되었다.

17세기 말 즈음 런던 커피하우스 특징 중 하나는 '공론 형성의 장' 마련을 지켜본 근대 시민사회, 그리고 그 정치 형태로서의 국민국가 이념이 스며들어 있었다. 당시 영국에서 부르주아 집단이 새로운 사회의 주도 계층으로 부상했던 만큼, 커피하우스는 주로 부르주아 상인과 지식인들이 만나고 교류하는 장소가 되었고, 곧바로 공개적인 토론으로 이어져 순식간에 각종 경제와 정치에 대한 정보와 공론 형성의 장으로 확대되었던 것이다. 1페니만 내면 커피하우스에 앉아 남들이 나누는 토론과 대화를 모두 들을 수 있었기 때문에 영국의 커피하우스는 1페니 대학교(One penny university)로 불리기도 했고 '커피하우스 정치인'이라는 신조어도 생겨났다. 즉 커피하우스는 신분제를 벗어나 대화할 수 있다는 특수성과 함께 고객층이 다양하다는 매력이 있었고 다른 생각을 가진 사람들이 자유롭게 교류하며 대화기법이 개발되어 비판 정신이 길러진 곳이기도 했다.

영국에서의 커피 도입은 알코올의 피해를 없애거나 완화시키는 도구로 인정되어 환영받았고 특히 의사는 커피를 혈액순환을 돕는 건강촉진제인 약품으로 취급해 판매했다. 또 커피하우스 안에서는 준수해야 할 규칙과 예법이 있는데 아무리 위대한 사람이 와도 자리를 양보할 필요가 없다고 규정해놓았고 여기서 사회정세나 경제체제, 학문 활동에 관한 토론이 가능하게 된 것이다. 즉 17세기 후반에서 18세기 초반까지 영국은 커피하우스에서 당대 필요로 했던 것들을 끊임없이 창조해내었고 특히 왕립학회는 근대과학의 틀을 형성했으며 또 당시 사상이나 정책이 근대 시민의식에서 묻어 나왔던 것이다.

커피를 반대하는 영국여성들의 탄원서 제출과 커피 대신 홍차 등장

그런데 반세기 정도 런던 시민생활의 중심을 차지했던 커피하우스가 18세기 중반에 접어들면서 급격히 쇠퇴했다. 실제로 1714년에 8,000곳을 넘어섰던 런던의 커피하우스가 1739년에는 551곳으로 줄어든다. 그 이유가 무엇이었을까?

커피하우스가 점점 더 증가하자 제각각 업주들은 특수한 고정 고객층을 확보하면서 폐쇄적인 클럽으로 변천해갔던 것이다.

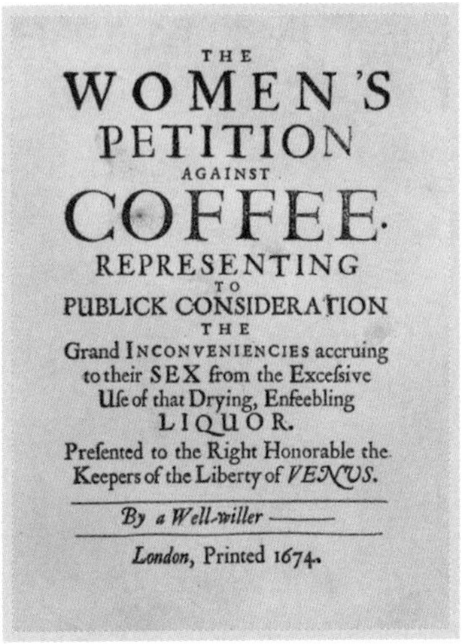
THE
WOMEN'S
PETITION
AGAINST
COFFEE.
REPRESENTING
TO
PUBLICK CONSIDERATION
THE
Grand INCONVENIENCIES accruing
to their SEX from the Exceſſive
Uſe of that Drying, Enfeebling
LIQUOR.
Preſented to the Right Honorable the
Keepers of the Liberty of *VENUS*.

By a Well-willer

London, Printed 1674.

커피를 반대하는 여성들의 탄원서
(출처: Wikimedia)

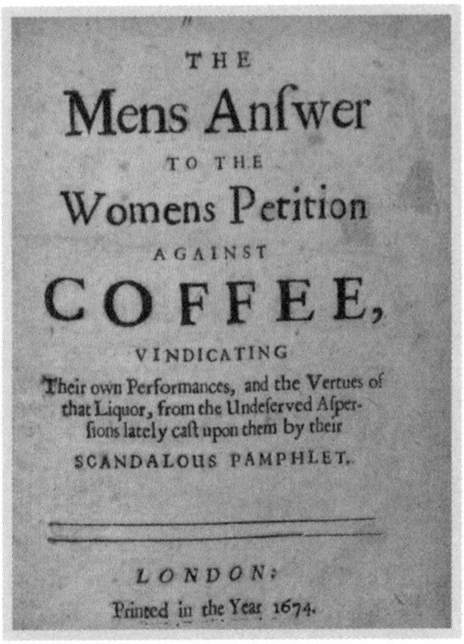
THE
Mens Anſwer
TO THE
Womens Petition
AGAINST
COFFEE,
VINDICATING
Their own Performances, and the Vertues of
that Liquor, from the Undeſerved Aſper-
ſions lately caſt upon them by their
SCANDALOUS PAMPHLET.

LONDON:
Printed in the Year 1674.

남성들의 답변
(출처: Wikimedia)

1674년 남편이 허구한 날 커피하우스에서 지내는 것에 애태우던 아내들이 커피를 반대한다는 입장을 밝히고 정부에 탄원서를 제출했다. 이유는 '커피 성불구 원인설'과 함께 커피하우스에 오랜 시간 남편을 빼앗긴 부인들의 불만이었던 것이다.

사실 당시 런던의 커피는 지나치게 남성 전유물이었다. 이에 커피를 대신할 비알콜 음료가 순식간에 여성을 사로잡았는데 바로 이것이 훗날 영국의 모든 가정을 점령하게 된 홍차였다. 상인 토머스 트와이닝이 영국 최초의 티하우스 골든 라이온을 개점했고 커피하우스와 달리 여성들에게도 많은 호평을 얻었다. 18세기에 나타나기 시작한 티룸이나 티가든은 커피하우스가 갖지 못한 우아한 분위기를 자아냈기에 여성에게 크게 환영받았다. 커피가 국민

음료로 정착하기 위해서는 남성만이 아닌 여성의 호응이 필요했던 것이었다. 그런데 런던의 커피문화는 한때 크게 유행했음에도 여성의 동의를 얻는 데 완전히 실패했다. 반면 영국의 이런 전철을 밟지 않고 커피와 커피하우스를 시민혁명으로까지 끌어올린 나라가 바로 프랑스다.

계몽주의 사상과 혁명을 잉태한 프랑스 커피하우스

프랑스 최초의 카페가 1654년에 마르세유에서 생겼으나 파리 tl 시민들에게 관심을 끌지는 못했다. 커피가 본격적으로 시민들로부터 관심을 받게 된 것은 영국과는 달리 국제정치적 상황과 관련성이 있었다. 즉 오스만투르크는 재차 빈을 침공하는데 루이 14세에게 중립을 요구해 줄 것을 당부하기 위해 슐레이만 아가 대사를 파견했고, 대사는 루이 14세에게 외교문서를 전달한 후 바로 돌아가지 않고 1년 동안 파리에 머무른 것이 계기가 되었다. 슐레이만 아가는 파리에서 지내는 동안 저택 내부를 튀르키예식으로 화려하게 꾸몄고 방문한 손님 및 특히 파리의 여성 귀족들은 대사의 풍요롭고 이국적인 문화와 스타일에 막연한 동경심이 발동한다. 이를 계기로 커피는 정치적 긴박함 속에서 파리 상류사회로 퍼져나가기 시작했다.

아가가 파리 귀족들에게 커피에 대한 강렬한 인상을 남기고 떠난 후 민간차원의 커피외교를 궤도에 올려놓은 사람은 아르메니아 출신 상인 파스칼로서 그는 생제르맹데프레에 최초의 카페를 개점했다. 파스칼로 인해 상류귀족들 사이에서 화제가 되고 있다는 커피를 일반서민도 마실 수 있게 된 셈이다. 1672년 파스칼의

18세기 '르 프로코프'의 풍경:
콩도르세, 라아르프, 볼테르와 디드로가 모여서 담화 중

세계에서 가장 오래된 카페 '르 프로코프 (Le Procope)'
(출처: Wikipedia)

카페에서 종업원으로 일했던 프로코피오 쿠텔리(Procopio Cutelli)는 커피를 좀 더 깊이 체계적으로 연구해서 1686년 프랑스의 국립극장인 코메디 프랑세즈 건너편에 '르 프로코프(Le Procope)'라는 카페를 열었다. 그리고 선풍적인 인기를 얻었다.

이 커피하우스는 볼테르와 루소, 디드로 등 계몽주의 사상가들의 집합장소가 됐고 누구나 찾아와 이야기를 나눌 수 있어 평등과 자유주의를 상징하는 공간이었다. 또 1789년 전후로 혁명의 주역들이 은밀히 모여 혁명에 대해 논의하고 당시 정치적 사태에 대한 해결점을 제시했던 공간으로서 '혁명의 대학' 또는 '파리의 진정한 신문'이라고 이야기될 정도로 프랑스혁명의 도화선 역할을 한 혁명카페로 변신했다. 이와 같은 열띤 토론과 자유로운 의견제시가 가능했던 분위기 속에, 마침내 1789년 7월 14일 파리의 카페 '드 포아(de Foy)'에서 "가자 바스티유"라는 외침과 함께 프랑스혁명의 대서막이 올랐으며, 커피하우스는 사회의 대변혁을 이끄는 혁명의 근거지가 되었다.

프랑스 황제가 된 나폴레옹은 왜 '커피'에 집착했을까?

나폴레옹이 역사에 등장한 시점은 이미 카페 전성기에 접어든 18세기 말이었고 당시 프랑스는 카페를 중심으로 일어난 시민혁명으로 절대왕정이 막을 내리게 된 사회적 격동기였다. 나폴레옹은 커피의 각성 효과와 에너지 발산 효력에 매료된 사람으로, 군대에 식용음료로 커피를 처음 도입했다. 그리고 이를 바탕으로 이탈리아, 오스트리아, 이집트전쟁 등을 승리로 이끌었다. 그는 군대에 대량의 커피를 보급하려면 산업에 의존할 수밖에 없다고 강조했

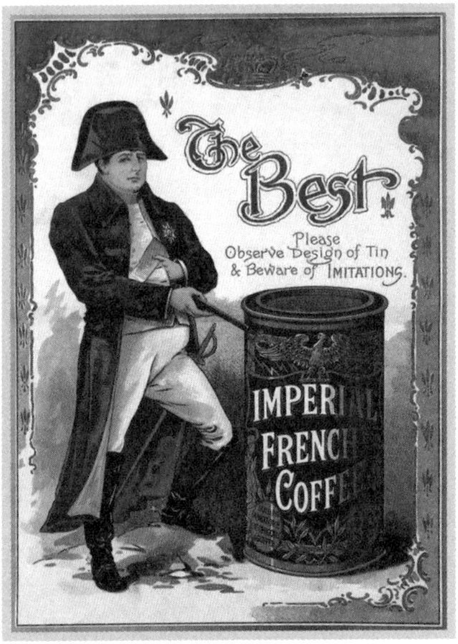

1898년 영국의 '임페리얼 프렌치 커피' 광고 이미지. 나폴레옹이 "가장 훌륭한 커피"라며 커피 통을 가리키고 있다. 1806년 나폴레옹의 대륙봉쇄는 영국 커피 값의 상승을 초래했다. 나폴레옹이 '커피'를 봉쇄하자, 독일이 궐기했다.(출처: "모카 커피의 '모카'란…", 〈조선일보〉, 2022.10.24.)

고, 직물기계 개량, 인디고 대체용 색소개발, 새로운 종류의 설탕제조 등의 혁신은 그 결실이었다.

또한 실권을 잡게 된 나폴레옹은 프랑스를 포함한 대륙부를 그의 세력 하에 두었는데 이에 대적하던 영국을 겨냥한 대륙봉쇄령이 제대로 효력을 발휘하고 있는지 확인해보기 위해 갑자기 커피유통을 전면 금지시키는 정책을 펴기도 했다. 커피가 최적의 척도라고 여겼던 것이다. 이처럼 나폴레옹은 커피를 이용해서 세계정복을 고안했고 또한 전쟁을 승리로 이끌었다.

독일인의 커피사랑 바흐의 '커피칸타타'
60알 커피콩이 아침식사였던 베토벤

1732년 독일에서 당시 커피문화를 음악에 담아내 '커피 칸타타'를 작곡한 바흐는 전통적인 음악가 집안에서 태어났지만 일찍 부모를 잃었고, 그가 마지막으로 머물며 음악활동을 했던 도시는 독일 계몽주의의 중심지이며 문학과 예술의 중심지였던 라이프치히였다.

이 도시는 당시 프로이센 지역에서 카페가 가장 먼저 그리고 가장 많이 생긴 커피 중심지의 하나였다. 바흐가 활동했던 1700년대 초반, 독일도 커피열풍이었는데 당시 의사들은 커피가 불임의 원인이고 얼굴빛이 검어진다고 여성들에게 커피를 못 마시게 했다. 1729년부터 1742년까지 대학생 연주단체인 콜레기움 무지쿰(collegium musicum)의 정기연주회가 열리던 곳이 바로 짐머만 카페였고 커피 애호가였던 바흐가 이 카페를 위해 만든 음악이 바로 커피 칸타타였다.

바흐의 '커피 칸타타' 연주모습

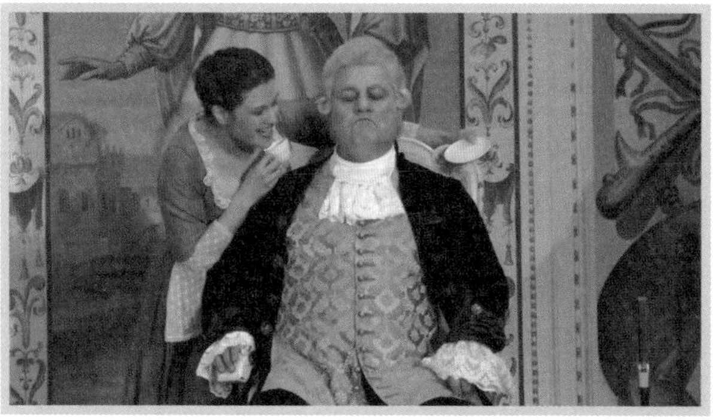

J. S. 바흐의 〈커피 칸타타〉(출처: "정확히 60개 커피콩 갈아 커피 한 잔 마신 베토벤", 〈오마이뉴스〉, 2021.9.20.)

커피 칸타타의 내용은, 딸에게 몸에 해로운 커피를 마시지 말라고 하는 아버지, 하루에 세 번씩 커피를 마시지 않으면 죽을 것 같다는 딸, 결국 아버지는 커피를 끊지 않으면 시집을 보내지 않겠다고 했고, 그러자 딸이 일단 커피를 끊고 결혼을 하되 자신이 커피 마시는 것을 허락해주는 남자와 결혼한다는 것이다.

즉 커피 칸타타는 커피를 좋아하는 딸 리센(Lieshen)과 해로운 커피를 마시는 딸을 못마땅하게 여기는 아버지 쉬렌드리안(Schlendrian)의 다툼을 풍자와 해학으로 채운 음악이다.

같은 세기에 커피에 깊이 빠졌던 음악가로 손꼽히는 사람 중의 하나가 베토벤이었다. 독일의 본과 오스트리아의 빈을 오가며 지냈던 베토벤은 정확히 60개의 커피콩을 갈아서 커피 한 잔을 내려 마셨다고 하는데, 이 양이 현재 에스프레소 머신으로 한 잔의 커피를 추출하기 위해 사용되는 커피양이라는 것은 상당히 놀랍다.

토론과 독립혁명을 위한 공론의 장, 미국 커피하우스

1670년대와 1680년대가 되면 커피에 관한 신문 기삿거리나 관심이 화두가 될 정도로 커피는 식민지 미국인들의 음료로 서서히 자리를 잡아가기 시작하였다. 미국의 첫 커피하우스는 1689년 보스턴에서 문을 열었고 이곳은 사람들이 정치적 의견을 나누는 장소의 역할을 했다. 미국 독립혁명의 근거지도 역시 커피하우스였다. 미국 독립혁명의 시발점이 된 보스턴 차 사건 논의와 독립운동가 등이 혁명을 모의하였던 장소로 유명한 '그린드래곤인태번앤드 커피하우스(Green Dragon Inn, Tavern and Coffeehouse)'는 혁명의 시초지라고 할 정도로 조지 워싱턴, 토마스 제퍼슨, 존 애덤스 등

미국 독립혁명의 근거지 커피하우스
(출처:https://me.eui.eu/marco-colleoni/blog/some-thoughts-on-western-values/)

1689년 보스턴에서 문을 연 '런던커피하우스'
(출처: Mumford, Thomas hawland, 〈The london coffee house〉, 1816)

이 모였던 곳이다. 1696년에 뉴욕 최초의 커피하우스 '더킹스암스(The King's Arms)'가 개점하였고 1712년경 프랜시스 홈스(Francis Holms)가 운영하던 필라델피아의 '번치오브그레이프스(Bunch of Grapes)' 커피하우스는 1776년 7월 4일 독립선언서를 낭독하였던 장소로 유명하다.

미국에서는 보스턴 차 사건 이후 영국에 대항하기 위해서는 차 대신 커피를 마셔야 한다는 생각이 널리 퍼지면서 차 문화 대신 커피문화가 발전했다. 미국의 독립과 건국은 커피하우스에서 시작되었다고 해도 과언이 아닐 정도로 초창기 미국의 커피하우스는 사람들의 의사소통, 토론과 공론의 장소였다. 유럽과 달리 진보주의자들보다 보수주의자들이 커피하우스를 더 많이 이용하였고 또 특이한 점은 커피하우스가 공공기관과 밀접한 관계가 있어서 법정 대신 커피하우스에서 재판이 열리거나 특별한 정치모임이 열리는 경우가 많았다는 것이다. 토마스 제퍼슨과 함께 독립선언문의 기초를 마련하고 13개의 식민지를 하나의 주권국가로 이끌어낸 벤저민 프랭클린은 미국 역사에서 커피애호가로 처음 언급되는 인물이다. 보스턴 출신인 그는 런던커피하우스에서 정치모임을 자주 열고 계몽사상과 자유와 평등의 공화주의 자치의식을 퍼뜨렸다.

미국의 남북전쟁을 승리로 이끄는 데 한몫을 한 커피

남북전쟁(1861~1865)에서 커피는 군사들에게 매우 중요한 보급품 중 하나였다. 북군을 이끈 벤저민 버틀러(Benjamin F. Butler) 장군은 물통에 커피를 담아 병사들에게 수시로 마시게 해 각성상태가

극에 달했을 때 공격을 지시하는 것을 전술로 삼았다. 또 장시간 기다려야 하는 저격수들한테는 각성효과가 필수적이었기 때문에 전투 중에 커피를 갈아서 빨리 마실 수 있도록 소총의 밑, 일명 '개머리판'에 글라인더를 장착하는 등 무기를 개조하기도 했다. 반면 남군은 북군의 수장인 링컨 대통령이 전쟁 초반 남군지역의 항구를 봉쇄하였기 때문에 전쟁기간 동안 커피를 거의 보급 받지 못하였다. 이처럼 커피는 남북전쟁의 승패를 가른 중요한 요소 중 하나였다고 말할 수 있을 것이다.

1800년대 초에 미국인들은 주로 프랑스령 생도맹그에서 커피를 수입해 마셨지만 생도맹그가 노예혁명을 통해 아이티로 독립한 이후에는 자메이카와 쿠바산 커피로 대체했다. 그리고 쿠바가 1840년대에 연이은 자연재해로 인해 커피산업을 포기하고 사탕수수산업으로 전환한 이후 미국은 커피를 대부분 브라질로부터 들여오기 시작하였다. 커피소비의 거인 미국과 커피생산의 거인 브라질 사이의 애증의 역사가 시작된 것이다.

황제커피에서 서민커피로 확산된 한국커피

한국의 커피역사는 전술한 바와 같이 청나라를 통해 유입되었을 가능성이 매우 크지만, 우리에게 가장 잘 알려진 것은 러시아 공관으로 피신한 고종황제가 손탁 여사에게 커피를 대접받고 그 맛에 푹 빠졌다는 이야기다. 독일인 손탁은 러시아 초대공사 베베르의 처형이었으며 1897년 고종에게 하사받은 덕수궁 건너편 정동 2층 양옥집을 호텔로 운영하면서 1층에 커피숍을 열기도 했는데 이것이 한국 최초의 커피숍 정관헌(靜觀軒)이다.

손탁호텔 1층 커피숍의 내부 모습. 고종황제가 러시아 공사의 처형인 손탁 여사에게 하사한 국내 최초 커피숍이다.(출처: https://foto-history.livejournal.com/14092497.html)

또 이 무렵에는 일본을 통해서도 커피가 전파되는데 일본인들이 양식 찻집을 차려 커피를 팔았다. 당시만 해도 커피는 양반이나 외국인이 즐기는 특수한 기호식품이었고 어쩌다 커피 맛을 본 서민들은 쓰디쓴 첫 맛에 서양에서 들어온 탕국이라 하여 '양탕(洋湯)국'이라고 불렀다. 1910년 우리나라를 강제점령한 일본인들은 서울 명동을 중심으로 다방을 열었다. 그곳은 부자들의 놀이터였고 서민들은 엄두도 내기 어려울 만큼 커피 값이 비쌌다. 1920년대에 접어들면서 전문적으로 커피를 파는 다방 혹은 카페라는 이름의 커피전문점이 출현하기 시작하였는데 주로 일본인들이 거주하던 명동, 충무로, 종로 등에서 개점되었다. 그 후 일제강점기에는 근대적 의미의 다방이 많이 생겨 일본인들이 주로 찾았고 우리나라는 몇몇 지식인과 문인들만이 폭넓게 드나들었다. 하지만 이러한 다방은 제2차 세계대전 전후로 대부분 문을 닫았다가 해방과 동시에 미군이 주둔함에 따라 미군부대에서 값싼 인스턴트커피가 흘러나오면서 우리나라 커피문화 발전의 촉매제가 되었고 대량 보급되었던 것이다.

커피향 속에 담긴 세계경제

커피는 국제시장에서 석유 다음으로 교역량이 많은 상품이며, 세계경제에 중요한 몫을 차지하고 있다. 또 세계 식음료산업 중에서도 다양한 직업을 발생시키는 높은 부가가치 상품으로 평가받고 있다. 세계은행에 따르면 개발도상국 140여 개 국가 중 95개 국가에서 커피가 수출이익의 약 50%를 차지한다고 한다. 이를 보아도 커피가 세계경제에서 얼마나 큰 영향력을 지니고 있는지를 알 수 있다. 이처럼 커피가 세계경제에서 크게 자리를 잡게 된 것은 제국주의의 확산에 따른 무역네트워크의 증가와 연관성을 가지고 있다.

초창기 검은 음료로서 약이나 음식으로 이용되었던 커피가 음료로 발전하면서 커피하우스들이 생겨났고 바다를 통해 수출입되면서 경제적 상품으로 등장했던 것이다. 17세기 후반 무렵 커피하우스를 다목적 공간으로 활용해 급성장을 이룬 런던은 세계무역의 중심이었는데, 이들은 커피하우스에 모여서 업무를 처리하였다. 커피하우스는 한때 상인들이 가진 돈을 융통해 주식을 팔고

런던증권 거래소의 모태 조나단 커피하우스(출처: Wikipedia)

사는 주식거래소로 이용되기도 했다. 유명한 조나단 커피하우스(Jonathan Coffee House)처럼 선박주 거래를 주도하는 커피하우스도 존재했는데 이것은 17세기와 18세기 런던 증권거래소의 본거지로 유명한 중요한 회의 장소이었다.

한편 에드워드 로이드(Edward Lloyd)는 1688년 무렵 런던타워 스트리트에 커피하우스를 열고 선원과 여행자를 상대로 장사를 시작했는데 1696년 『로이즈 뉴스』를 간행해 보험영업을 시작했다. 또 18세기가 되면 커피가 설탕, 면, 담배와 함께 식민지에서 재배하는 가장 중요한 작물로 다뤄지게 되고 커피가 경제적 상품으로 등장하게 된다.

커피는 다른 농산물과 마찬가지로 그 해의 수요와 공급에 따라 가격이 책정되기에, 그 가격이 매우 불안정하다. 출발지는 에티오피아에서 시작되었지만, 현재 가장 많은 물량을 산출하는 국가는 브라질이다. 주요 커피 수출국들은 회원국 간에 수출 쿼터를 정해서 일정가격을 유지하기 위해 국제커피기구(International Coffee Organization: ICO)를 창립하였다. 그런데 주요 커피 소비국인 미국과 유럽 국가들이 커피를 싸게 수입하게 되면 아무런 소용이 없게 된다. 따라서 커피회원국으로 가입시켜 커피가격을 높게 받기 위해서는 특히 미국의 도움이 절실히 요구되었던 것이다.

미국은 당시 냉전체제로 인해 남미국가의 공산화를 막는 것이 정책상 필요했고 이에 ICO의 창설과 커피가격 협정에 동참함으로써 1989년까지 국제 커피가격은 높은 수준을 유지하게 된다. 그런데 냉전이 끝남에 따라 미국은 더 이상 남미국가들의 공산화를 걱정하지 않아도 되었고, 그 결과 공산화를 막기 위해 비싸게 커피를 사줄 이유도 없어졌다. 미국의 ICO 탈퇴에 따라 국제커피시장은 급격한 혼란에 빠지게 된다. 이에 20세기 후반, 선진국의 소비자들이 자신들이 지불하는 금액과 생산자의 수입 차이가 크다는 것을 알게 되었고 이에 커피가격에 대한 불평등한 구조를 개선하기 위해 '공정무역커피' 운동이 태동했다. 공정무역커피는 다국적 기업이나 중간 상인을 거치지 않고 제3세계 커피농가에서 재배되는 커피를 공정한 가격에 구입해 유통하는 커피를 말한다. 즉 직거래를 통해 커피농가에 정당한 대가를 지급해 적정한 소득을 보존해 주는 것을 목적으로 한 것이다.

우리가 마시는 이 한잔의 커피향에는 커피 음용관습과 문화가 처음 생성되고 발달한 예멘과 튀르케예 등 아랍지역을 포함해 유럽이나 미국 등에서의 정치, 문화, 사상, 혁명, 경제에 관한 다양한 배경들이 피어나고 있었다. 이 매혹적인 커피향을 파는 커피하우스에서 유럽의 계몽주의 시대, 보험이나 증권 등 경제에 관한 업무로 보다 나은 세상을 열망하던 부르주아, 세상의 변화를 바랐던 지식인, 예술인들이 꿈과 희망을 담곤 하였던 것이다. 이런 커피의 과거사와는 달리 현재 커피는 단순 기호식품이 아닌 이 시대의 대표 아이콘으로서 문화의 중요한 한 축으로서의 역할을 담당하고 또 경제적 소비의 새로운 차원을 창출하는 데 중요한 역할을 한다. 카페에 들어온 손님들도 친구랑 수다를 떠는 사람들, 스터디 룸으로 공부하는 학생들, 고객과 미팅을 하는 비즈니스 등으로 각자 집도 학교도 직장도 아닌 제3의 공간인 커피숍이나 카페에서 커피향을 마시면서 행복감을 누리고 있다. 이처럼 달콤하고 에너지를 재충전 시켜주는 커피향에 바로 지금 잠시 빠져보는 것은 어떠세요? (공미희)

차, 향(香)을 타고 세계로 향(向)하다

차의 기원: 노예 계약문서에서 '차'의 기록을 찾다

"Camellia sinensis", 차의 학명 카멜리아 시넨시스는 '중국의 동백나무' 정도로 해석할 수 있다. 전문적인 학명에서 드러나는 바와 같이 차의 기원을 중국으로 보는 의견이 가장 일반적이며, 이는 중국의 상고시대까지 거슬러 올라간다. 신농씨(神農氏)는 염제(炎帝)라고도 불리며 황제(黃帝)와 함께 중국인의 시조로 일컬어지는 삼황 중 하나이다. 신농씨는 농업과 제약을 관장하는 신적인 존재로, 화전을 일구어 농작하는 법과 황무지를 개간하여 식량 작물을 심도록 하는 법을 백성들에게 처음으로 알려주었으며 약초로 병을 치료하는 법을 발전시킨 것으로 알려져 있다.

신농씨는 소의 머리와 인간의 몸을 가지고 있다고 전해지고 있다. 소로 형상화되어 있는 신농씨의 모습을 통해 그가 이끈 부락이 소를 토템으로 삼았을 가능성과 농업을 관장하던 신의 역할을 엿볼 수 있다.*
(출처: Wikipedia, morimatea.com/blogs/news/what-is-the-chinese-legend-about-origin-of-tea)

신농씨가 쓴 것이라 전해지는 『식경(食經)』에 "茶茗久服, 令人有力悅志(차를 오래 마시면 힘이 나고 마음이 즐거워진다)."는 구절이 있음을 후인이 기록하여 남겼는데, 이를 바탕으로 신농씨의 시대인 기원전 2700여 년 전부터 인류가 차를 마시기 시작했다고 보는 설이 널리 알려지게 되었다.

또한 마찬가지로 원전은 전해지지 않으나 후대 기록을 통해 알

* 위 동상은 중국 하남성 심양시(河南省焦作沁陽市)에 위치한 국가AAAAA급 관광지 신농산풍경구(神農山風景區)에 있다. 일찍이 신농씨가 이곳에서 제단을 차리고 하늘에 제를 지냈다고 알려져 있으며 산세가 가파르고 험준함에도 불구하고 관광객들의 발길이 끊이지 않는다.

려진『신농본초경(神農本草經)』의 "神農嘗百草, 日遇七十二毒, 得茶而解之(신농씨가 온갖 풀을 맛보다가 어느 날 일흔두 종류 독에 중독되었는데 차로써 이를 해독하였다)."라는 구절을 통해 차는 맨 처음 약의 효능을 가진 것으로서 인류에게 전해지게 된 것으로 보고 있다. 그러나 위와 같은 '신농씨 기원설'을 뒷받침하는 기록들은 원전을 확인할 길이 없고 후인의 기록에 의한 것으로 사실관계를 파악하는 것은 무리가 있으며, 가장 잘 알려지고 일반적인 기원설로 보는 것이 합당하다.*

현재 원전으로 확인할 수 있는 '차'에 대한 가장 오래된 기록은 중국 당나라의 육우(陸羽, 733~804)가 집대성한『다경(茶經)』이다. 중국 사람들이 육우를 다성(茶聖) 혹은 다신(茶神)이라고 부를 만큼『다경』은 차의 근원에서부터 차를 만드는 방법과 도구, 차를 달이는 법과 마시는 법, 차 산지 등에 이르기까지 차에 관한 모든 내용을 총망라하고 있다. 차의 백과사전이라 여겨지는『다경』은 차를 알리고 차 문화가 성행하도록 하는 중요한 토대가 되었다.

『다경』의 편찬 이후 중국의 일반인들뿐만 아니라 주변 국가에도 중국의 차가 전해지고 본격적으로 차 문화가 널리 전파되기에

* 중국의 신농씨 기원설과 함께 불교 선종(禪宗)의 시조로 일컬어지는 달마 대사가 차를 발견했다는 설도 잘 알려져 있다. 달마 대사가 수련 중 졸음을 쫓기 위해 계속 내려오는 눈꺼풀을 떼어내 뜰에 버렸는데 이튿날 그곳에서 자란 나무가 곧 차나무였다는 것이다. 이와 같은 기원설과 마찬가지로 차나무의 원산지를 두고서도 크게 중국 서남지역과 인도 아삼지역을 두고 이견이 존재한다. 그러나 현재까지 차에 대한 문헌 기록을 바탕으로 차의 기원을 중국으로 보는 의견이 우세하다.

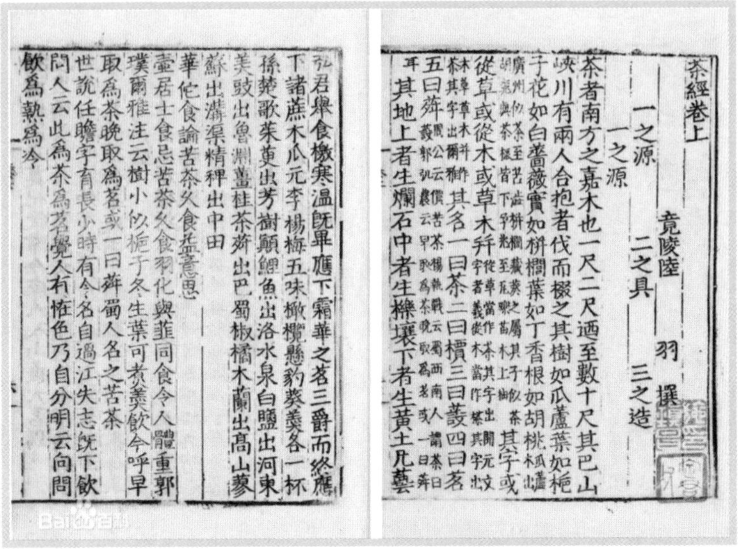
茶經卷上
竟陵陸　羽　撰
一之源　二之具　三之造
一之源
茶者南方之嘉木也一尺二尺迺至數十尺其巴山峽川有兩人合抱者伐而掇之其樹如瓜蘆葉如梔子花如白薔薇實如栟櫚葉如丁香根如胡桃
其字或從草或從木或草木并
其名一曰茶二曰檟三曰蔎四曰茗五曰荈
其地上者生爛石中者生櫟壤下者生黃土凡藝

弘君舉食檄寒溫既畢應下霜華之茗三爵而終應下諸蔗木瓜元李楊梅五味橄欖懸豹葵羹各一杯
孫楚歌茱萸出芳樹顛鯉魚出洛水泉白鹽出河東美豉出魯淵薑桂茶荈出巴蜀椒橘木蘭出高山蓼蘇出溝渠精稗出中田
華佗食論苦茶久食益意思
壺居士食忌苦茶久食羽化與韭同食令人體重郭璞爾雅注云樹小似梔子冬生葉可煮羹飲今呼早取爲茶晚取爲茗或一曰荈蜀人名之苦茶
世說任瞻字育長少時有令名自過江失志既下飲問人云此爲茶爲茗覺人有怪色乃自分明云向問飲爲熱爲冷

약 780년경 완성되었다고 알려진 『다경』은 약 7000자의 내용을 상, 중, 하 세 권으로 나누어 담고 있다. 상권에는 '일지원(一之源): 차의 기원, 생김새, 기능, 명칭, 품질', '이지구(二之具): 차를 따고 만드는 도구', '삼지조(三之造): 차의 종류와 제작 방법'을 기술하였고, 중권에는 '사지기(四之器): 차를 끓이고 마시는 그릇'에 관한 내용으로 24종류의 그릇과 용기에 대한 설명을 담았다.
마지막으로 하권에는 '오지자(五之煮): 차를 달이는 방법과 각 지역의 수질 등급', '육지음(六之飮): 차를 마시는 풍속', '칠지사(七之事): 차와 관련된 이야기, 차의 산지와 약효 등', '팔지출(八之出): 당대(唐代) 전국 차의 분포를 여덟 개 지역으로 귀납하고(山南, 浙南, 浙西, 劍南, 浙東, 黔中, 江西, 嶺南), 각지에서 생산된 찻잎의 우열을 정리', '구지략(九之略): 생략할 수 있는 차 도구', '십지도(十之圖): 차 그림을 그려 걸어두고 차의 법도를 따르도록 함' 등의 내용을 담았다.(출처: baidu)

이르렀으며, 이러한 흐름을 따라 우리나라의 『삼국사기(三國史記)』에도 신라본기 흥덕왕 3년(828년)에 중국차가 전해졌다는 기록이 남아 있다. 이렇듯 『다경』은 육우가 수년에 걸쳐 직접 경험하고 탐구한 내용을 체계적으로 집필하였다고 알려져 있으나, 그 내용의 근거가 되는 문헌의 원본과 사실관계를 파악할 수 없는 부분이 상당하여 어떤 이는 차의 기원을 『동약(僮約)』 이후로 가늠하기도 한다. 『동약』은 B.C. 59년 중국 전한(前漢) 때 왕포(王褒)가 쓴 일종의 노비 계약문서로, 왕포가 돈을 들여 편료(便了)라 불리는 남종을 들인 뒤 그가 해야 할 일을 적어놓은 것이다. 그중 "膾魚炮鱉, 烹茶盡具(회를 썰고 자라를 굽고 차를 달이고 정리하기)", "牽犬販鵝, 武陽買茶[개를 이끌고 거위를 팔고 무양(오늘날의 四川彭山縣)에 가서 차 사 오기]"라 하여 차에 관한 기록이 나오는데, 이것이 원본이 전해지는 사실 기록 문헌 중 가장 오래된 것이다. 이를 통해 중국 고대 차 산지 및 차 시장에 관한 내용과 차를 달여 손님을 대접하는 문화가 중국 고대 시기부터 있었음을 확인할 수 있다.

(좌) 『동약(僮約)』에 적힌 차의 기록(출처: thepaper.cn) (우) 명대 문인 문징명(文徵明,1479~1559) 이 그린 『품다도(品茶圖)』 일부(출처: sohu.com)*

* 문징명은 명대 중기 문인 화가로 그림, 서예, 시에 출중했던 것으로 알려져

위의 내용을 종합해보면, 시기와 원산지에 관한 이견이 있긴 하지만 가장 일반적인 관점에서 '차'는 중국으로부터 기원하여 아주 오래전부터 주변국과의 주요한 교류와 교역의 수단이 되어왔음을 알 수 있다.

차의 전파와 교류: 'Tea'와 '차', 이름을 보면 교류의 역사를 알 수 있다

앞 절에서 살펴보았듯이, 일반적으로 차는 중국으로부터 기원하여 『다경』 편찬 이후인 당대(唐代)부터 백성들 사이에서 본격적으로 차 문화가 성행하기 시작하고 주변 국가들에게까지 전파되었다고 알려져 있다. 혹은 『동약』의 사실 기록을 바탕으로 전한시대부터 손님에게 차를 대접하고 차를 즐기는 문화가 있었음을 유추하기도 하며, 이 시기 이미 중국과 주변 국가 간 접촉과 교류에 따라 차가 전파되었다고 보기도 한다. 여기서 흥미로운 사실은 현대에 각 지역에서 차를 지칭하는 말을 통해 차 전파의 방향과 흐름을 살펴볼 수 있다는 점이다. 현재 중국에서 차는 "茶 chá[tsha]"로 발음하며, 한자 문화권에 속하는 한국, 일본, 베트남 등의 국가에서도 역시 성조를 제외하고 "[tʃha]", "[tsha]", "[tsa]"와 같이 중국과 비슷한 한자음을 가진다. 이뿐만 아니라, 러시아어로는 "[tʃai]",

---

있다. 특히 차에 밝았던 다인(茶人)으로서, 문인들의 차 문화를 엿볼 수 있는 그림을 많이 남겼다.

차 명칭을 통해 육로와 해로의 두 전파 흐름을 엿볼 수 있다.(출처: qz.com)

튀르키예어로는 "[tʃhai]", 포르투갈어로는 "[ʃa]", 아랍어로는 "[tsha]" 등으로 굉장히 유사한 마찰음으로 발음됨을 알 수 있다. 반면, 영어로는 익히 알고 있듯이 "Tea[thi:]"이고, 네덜란드어, 프랑스어, 스페인어, 헝가리어로는 표기법과 강조에 있어 약간의 차이는 있지만 모두 "Thee[te:]", "thé[te]", "té[te]", "tea[te]" 등으로 앞서 살펴본 언어들과 다르게 모두 마찰 성분이 없는 파열음으로 발음되는 것을 알 수 있다.

위 지도에서 볼 수 있듯 차는 해안 지역에서는 주로 파열음으로, 내륙 지역에서는 마찰음으로 발음되는데, 이는 차의 전파 경로와 밀접한 관련이 있다. 당대 이후 육로를 통해 중국 내륙에서 먼저 전파되기 시작한 차는 오랜 시간을 거치며 실크로드를 따라 중앙아시아로 넘어오게 된다. 당시 차의 집산지였던 광동 지역은 육

William Daniell, 〈A View in China–Cultivating the Tea Plant〉, ca. 1810
17세기 이후 해상무역을 통해 중국(청)으로부터 많은 양의 차를 수입하게 된 영국은 점차 심각해지는 무역 적자를 해결하기 위해 당시 식민지였던 인도에서 양귀비를 재배 후 아편으로 만들어 중국(청)으로 수출하였다. 아편이 중국(청) 내에서 심각한 사회 문제를 일으키고 국고 손실이라는 결과에 이르게 되자 1839년 1400여 톤의 아편을 몰수, 폐기하고 영국 상인들을 감금하는 등의 강력한 정책을 펼치게 되었다. 그러나 영국은 이를 명분으로 하여 1840년 전쟁을 일으켰으며 이것이 바로 잘 알려진 청과 영국 간의 아편전쟁이다. 이렇듯 차의 활발한 국가 간 교역은 세계의 굵직한 역사 사건의 도화선이 되기도 하였다.

로를 통한 교역의 중심이었는데, 이때 차의 전파와 함께 차의 광동 발음인 [tʃha]가 전해지면서 육로를 통해 차를 접한 지역에서는 대게 광동어에서 비롯된 마찰음으로 발음된다고 볼 수 있다. 이후 아시아 전역에 퍼진 차 문화는 16세기에 다다라서 유럽 각지에 전파되기 시작했다. 이때 복건성의 하문 지역이 주요 항구로 역할 하면서 육로를 넘어 해로를 통해 찻잎이 운반되게 되는데, 17세기 네덜란드와 영국이 해상 제패권을 가지면서부터는 동인도회사를 통해 본격적으로 유럽 전역에 전파되었다. 나아가, 이들의 식민 지배를 받았던 동남아시아까지 차가 전해지게 되면서 전 세계에서 차를 즐기고 향유하는 문화가 형성되기에 이른다. 하문에서 차의 발음이 [te]인 것을 고려하면 당시 해로 교역의 중심이었던 복건 지역의 발음이 차와 함께 유럽과 동남아시아로 전해진 것이라 할 수 있다.

정리하면, 중국의 광동 지역과 복건 지역은 오랜 시간 차의 집산지이자 무역의 중심지로서 각각 육로와 해로를 통해 차를 전 세계 각지로 전파하였다. 주목할 것은 광동을 기점으로 육로를 통해 차를 받아들인 내륙 지역과 복건을 기점으로 해로를 통해 차를 받아들인 해안 지역 간 차 명칭의 차이가 비교적 명확히 구분된다는 것이다.* 이는 단순히 "차"라는 물건의 전파만이 아니라 이와 관련한 언어와 문화까지 함께 전파되었다는 사실을 보여주는 것이며, 나아가 특정 계급의 향유 문화에서 일반 대중문화로 변화해온 역

* 한국에서 茶는 "차"와 "다" 두 가지 독음이 존재한다. 이는 시기별로 육로와 해로를 통해 한반도에 차가 전해졌음을 의미한다고 할 수 있다.

사를 함께 살펴볼 수 있는 중요한 지표라 할 수 있다.

차의 종류와 특성: 차의 색깔로 발효 정도를 알 수 있다

육로와 해로를 통해 전 세계로 차가 전파되고 역사를 뛰어넘어 사람들의 사랑을 받는 이유는 차의 맛과 향에 있음이 분명하다. "차"라고 했을 때 흔히들 녹차 아니면 홍차를 떠올리지만, 찻잎의 종류, 찻잎을 따는 시기, 발효 방법과 기간 등에 따라 다양하게 나누어지고 지역마다 즐겨 마시는 차의 종류와 습관들도 모두 다르다. 먼저, 우리가 가장 쉽게 접하고 즐겨 마시는 녹차, 홍차 등은 기본적으로 발효 정도에 따라 구분된다고 할 수 있으며, 크게 녹차(綠茶), 백차(白茶), 황차(黃茶), 청차(青茶), 홍차(紅茶), 흑차(黑茶) 등으로 나눈다. 찻잎에는 산화효소가 포함되어 있는데, 녹차는 이 효소가 작용하여 발효되지 않도록 찻잎을 딴 후 바로 열을 가하여 만든 불발효차에 속한다. 열을 가하는 방식은 찻잎을 볶는 것과 찌는 것의 두 가지가 있는데 전자는 중국식 녹차에 해당하고, 후자는 일본식 녹차에 해당한다. 불발효차는 발효되지 않아 찻물이 맑고 푸른 빛을 띠는 것이 특징이며, 향이 오래가고 맛이 깔끔하여 가장 대중적인 사랑을 받는 차라고 할 수 있다. 대표적으로 용정차(龍井茶), 옥로차(玉露茶), 모봉차(毛峰茶) 등이 있다.

다음으로 반발효차는 약발효차라고도 불리는데, 말 그대로 찻잎을 햇볕에 약간 말리고 비비며 발효시키다가 진행되던 산화를 정지시켜 만든다. 녹차와 홍차의 중간에 해당한다고 볼 수 있는데,

발효 정도가 녹차에 가까울 정도로 아주 약하게 발효시킨 차에서부터 약 80~85% 발효시킨 차까지 굉장히 다양하다. 무엇보다 반발효차는 찻잎의 일부가 발효되면서 나는 싱그러운 꽃잎 향과 과일 향이 특징이라고 할 수 있다. 반발효차 중에서 가장 대표적인 것은 오룡차(烏龍茶)와 포종차(包種茶)이며, 중국의 복건성, 광동성, 대만에서 주로 생산된다.

발효차로 가장 대표적인 것이 홍차이며, 찻잎을 완전히 발효시킨 후 건조하여 만든다. 찻잎이 발효되면서 색이 진해지고 홍탕홍엽(紅湯紅葉)의 특징을 갖게 되어 "홍차(紅茶)", "Black Tea"로 불리게 되었다. 중국에서 유럽 등지로 차가 전해질 때, 집산지와 교류지역 간의 거리 차이로 인해 불발효차보다는 발효되고 건조된 차가 적합했기에 발효차를 중심으로 차 문화를 형성했다. 그리고 지금도 그 영향으로 인해 유럽과 아메리카 등지에서는 녹차보다 홍차의 소비량이 월등히 높고, 일반적으로 말하는 차는 대부분 홍차를 가리킨다. 80% 이상 발효된 강발효차에 해당하기 때문에 진하고 떫은맛이 특징이며 이에 우유를 첨가하여 밀크티의 형태로 마시기도 한다.

나아가 미생물에 의해 발효가 진행되는 후발효차가 있다. 찻잎 효소에 의한 내부 발효와 함께 찻잎의 온도와 습도를 높이는 방식으로 미생물의 촉매작용을 발생시켜 외부 발효가 일어나도록 한다. 찻잎을 숙성시키기 위해 벽돌이나 떡 모양으로 단단하게 압축시키기 때문에 네모난 전차(磚茶)와 둥근 병차(餠茶) 형태를 많이 볼 수 있으며, 이 과정 동안 찻잎의 색이 짙어져 흑색 혹은 흑갈색으로 변하고 탕색 또한 진한 갈색, 홍색을 띠기에 흑차라고도 부른다. 발효 기간이 길어질수록 맛이 깊고 순해지는 것이 특징이다. 중국의 호남, 호북, 운남 등지에서 주로 생산되며, 운남의 보이차가 가장 유명하다고 할 수 있다.

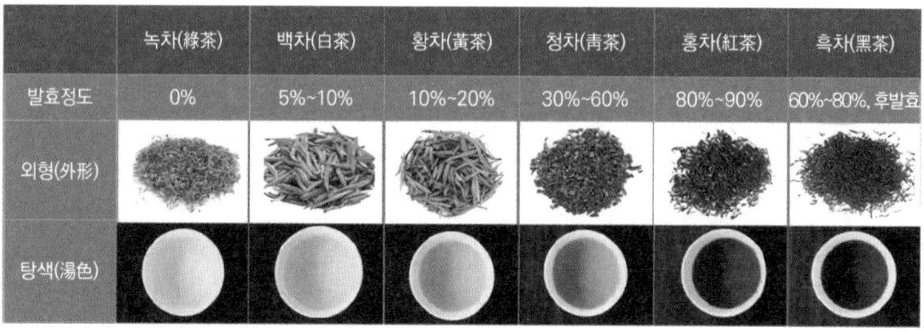

발효 정도에 따라 찻잎과 탕색이 달라지며,
각각 특색 있는 향과 맛을 가진 차로 구분된다.(출처: douban)

이처럼 차는 찻잎의 발효 방식과 정도의 미묘한 차이에 따라서 찻잎의 색, 우러나온 탕색뿐 아니라 그 차가 담고 있는 향과 맛도 천차만별이라고 할 수 있다. 또한 찻잎의 종류와 따는 시기, 찻잎을 말리고, 볶고, 찌고, 비비는 방식과 정도, 열을 가하는 시기와 온도, 찻잎의 생산지와 가공지 등에 따라 더 세분되어 차의 종류는 수백 가지에 달한다. 차가 아주 오래전부터 전 세계 사람들의 사랑을 받아왔던 이유는 바로 이렇듯 차마다 다르게 가지고 있는 독특한 향과 맛 덕분은 아닐까.

차의 발전과 미래: 정통다도에서 현대 러러차(樂樂茶)에 이르기까지

과거 특정 계급에서 향유되던 차는 당대 이후 중국 내륙의 각 지역으로 퍼져나가면서 점차 대중이 즐기는 하나의 문화로 자리 잡게 된다. 이러한 흐름을 따라 차를 달여 마시는 방식과 예의인 '다도(茶道)'가 발전하게 되었다고 보고 있다. 6세기 『다경』을 쓴 육우와 함께 차를 논했다고 알려진 봉연(封演)은 『봉씨견문기(封氏見聞記)』 제6권 『음다편(飮茶篇)』에서 "상백웅이란 자가 있었는데, 육우의 이론을 널리 윤색함으로써 차도가 크게 성행하였고 왕공조신에 이르기까지 (차를) 마시지 않는 사람이 없었다(有常伯熊者, 又因鴻漸之論廣潤色之, 於是茶道大行, 王公朝士無不飮者.)"고 기록하였다. 또한 같은 시기 시승(詩僧) 교연(皎然)은 '음다가초최석사군(飮茶歌誚崔石使君)'이란 시에서 "한 모금에 혼매함이 씻기고(一飮滌昏

(좌) 육우와 교연이 차를 논하는 모습(출처:baidu)
(우) 현대식으로 재해석한 중국의 다도세트(출처: aliexpress)

寐), 두 모금에 정신이 맑아지며(再飮淸我神), 세 모금에 도를 깨달으니(三飮便得道), 구태여 번뇌 없애고자 마음 쓸 일이 있겠는가(何須苦心破煩惱)."라고 하였다.

이와 같은 기록은 다도라는 개념의 출현과 함께 다도가 심신을 수양하는 의미로 받아들여지고 전해졌다는 것을 알 수 있게 하는 중요한 대목이라고 할 수 있다. 사람마다 지역마다 그 구체적 과정에 있어 차이는 존재하지만 기본적으로 동양의 다도는 일정한 순서와 차 마시는 사람 간의 예의를 중시한다. 단순히 차를 우려 마시는 행위에 그치는 것이 아니라, 찻잎의 선택과 다기의 준비에서부터 찻잎 향의 감상, 다기 데우기, 찻잎 씻어내기, 우려내기, 세 번에 걸쳐 따르기, 찻잎 걸러내기, 향 감상하기, 차 마시기 등에 이르는 일련의 과정은 굉장히 여유로운 교류의 시간이자 마음을 정화하는 절제의 시간이다.

차는 이렇듯 이른 시기부터 자기 수양과 문화 교류의 중요 수단으로 시대를 넘어 전 세계로 뻗어나갔고, 동서를 막론하고 다양한 지역 특색이 가미되어 각자만의 문화를 형성해나갔다. 그리고 현대에 이르러 즐겨 마시는 차의 종류, 차의 방법 등 지역마다 다른 특징을 가지게 되었다. 특히 다도의 전통성과 정통성을 지키면서도 현대인이 더 쉽고 간편하게 차를 마시고 향유할 수 있는 문화도 함께 빠르게 발전하여 이제는 특정 장소에서 특정한 다구를 사용하여 다도를 지키며 마시는 것을 떠나 누구든지 쉽고 편하게 차를 접할 수 있게 되었다. 무엇보다 커피의 대유행에 따른 세계적 프랜차이즈점에 맞서 다양한 차 브랜드와 프랜차이즈 판매점이 계속해서 생겨났고, 차에 코코넛젤리, 타피오카, 크

위 작품은 북송(北宋)의 황제인 휘종(徽宗, 1100~1125)이 그렸다고 알려진 '문회도(文會圖)'의 일부이다. 휘종은 차에 조예가 깊어 『대관다론(大觀茶論)』이라는 전문 다서를 저술하기도 하였다. 당시 다연(茶宴) 장면을 자세히 묘사하여 그린 위 그림은 송대의 음다법과 차 문화를 엿볼 수 있는 중요한 자료라 할 수 있다.(출처: wikipedia)

중국의 차 전문 프랜차이즈점 러러차(樂樂茶)는 2016년 상해에 1호점을 개장한 후, 현대식 해석을 가미한 다양한 메뉴개발과 다양한 프로모션 활동을 통해 중국 전역에서 선풍적인 인기를 끌고 있다.(출처: lelecha)

림 등을 넣어 만든 퓨전식의 차도 선풍적인 인기를 끌고 있다. 이를 통해 차는 커피에 익숙해진 요즘 젊은이들 사이에서 다시 새로운 유행으로 떠오르고 있으며 차 문화의 새로운 시작을 알리고 있다.

차는 과거와 현재를 이어줌과 동시에 전 세계를 하나의 문화로 묶어주는 중요한 산물이라고 할 수 있다. 차가 육로와 해로를 따라 이동하면서 오랜 시간 세계 각국은 접촉했고 교류했으며 새로운 역사를 써나갈 수 있었다. 오늘 오후 따뜻한 차 한잔과 함께 다시 한번 세계의 역사 속으로 빠져보는 것은 어떨까. (엄지)

참고문헌

책, 지식과 정보를 전하다

도미야 이타루, 임병덕 역, 『목간과 죽간으로 본 중국 고대 문화사』, 사계절, 2005.

동북아역사재단 엮음, 『동아시아의 지식교류와 역사기억-동북아 역사재단 학술회의 자료집』, 동북아역사재단, 2009.

뤼시앵 페브르 · 앙리 장 마르탱, 강주헌 · 배영란 역, 『책의 탄생-책은 어떻게 지식의 혁명과 사상의 전파를 이끌었는가』,돌베개, 2014.

박수밀,「조선의 중국 서적 유입 양상과 그 의미-서반(序班)과 유리창(琉璃廠)의 존재를 중심으로」, 『동아시아 문화연구』 Vol.50, 2011.

부길만 · 황지영, 『동아시아 출판문화사 연구 1-17세기 한중일 출판문화 비교』, 오름, 2009.

윤지양, 『고종, 근대 지식을 읽다-집옥재(集玉齋) 소장 중국 서적 12종 해제』, 산지니, 2020.

이원표 · 강혜종 · 구지현 · 김기완 · 김영선, 『동아시아 문화 교류와 이동의 기억』, 보고사, 2015.

장유승 · 조계영 · 당윤희 · 이유리 · 노경희, 『동아시아의 문헌 교류-16~18세기 한 · 중 · 일 서적의 전파와 수용』, 소명출판, 2014.

진재교,「17~19세기 使行과 지식 · 정보의 유통 방식-複數의 한문학, 하나인 동아시아」, 『한문교육논집』, Vol.40, 2013.

진정한 세계사는 은으로부터 시작되었다

미야자키 마사카츠, 이근우 역, 『해도의 세계사』, 어문학사, 2017.

이와타 슈젠, 『銀の世界史』, ちくま新書, 2016.

Kenneth Maxwell, The beginnings of globalization, 2020(https://defense.info/

global-dynamics/2020/12/the-beginnings-of-globalization, 2022년 9월 15일 검색)
https://whc.unesco.org/en/list/420/ (2022년 9월 24일 검색)
https://www.newworldtreasures.com/atochastory.htm (2022년 9월 20일 검색)
https://en.wikipedia.org/wiki/Galleon (2022년 10월 17일 검색)

조선 도예, 바다를 건너 다시 돌아왔지만

유성룡, 『징비록』, 1598.
선조, 『선조실록』 133권, 1601.
방병선, 「조선도자의 일본 전파와 이삼평」, 『백제문화』 32, 공주대학교 백제문화연구소, 2003.
이현주, 「대한도기 핸드페인팅 도자접시 고찰」, 『항도부산』 33, 부산광역시사편찬위원회, 2017.

일본의 뎃포(鉄砲) 전래

宇田川武久『鉄砲伝来ー兵器が語る近世の誕生』, 講談社学術文庫, 2013.
https://ja.wikipedia.org/wiki/鉄砲伝来(검색일자: 2022.10.02)
https://ja.wikipedia.org/wiki/火縄銃(검색일자: 2022.10.04)
https://ja.wikipedia.org/wiki/大阪の陳(검색일자: 2022.10.05.)
https://ja.wikipedia.org/wiki/関が原の戦い(검색일자: 2022.10.05)

바다를 건너온 신문물, 유행을 선도하다

『朝鮮之實業』, 『朝鮮日報』(1905), 『釜山日報』, 『朝鮮新報』
外務省記錄局編, 『通商彙編』, 1881.
「在外本邦人店鋪調査書-農商務省商工局臨時報告」 第五冊, 1897.
相澤仁助, 『釜山港勢一斑』, 1905.
釜山商業會議所, 『釜山要覽』, 1912.
권혜경, 「현대 소비문화의 형성과정에 나타나는 젠더의 정치성과 고착화,

그리고 그 전복적 대응」, 『영미문학페미니즘』 14, 2006.
김성진, 「부산왜관과 한일간 문화교류」, 『한국문학논총』 22, 1998.
김순영, 「한국 근대 양복점의 판매 물품과 생산 및 판매 주체」, 『복식』 67, 2017.
김은정 · 윤태영 · 고수진 · 고애란, 「한국 근대 소비문화의 역사적 형성과정과 특성에 관한 연구-복식과 관련된 소비를 중심으로」, 『한국의류학회지』 34, 2010.
나리타 류이치, 서민교 역, 『근대 도시공간의 문화경험』, 뿌리와이파리, 2011.
마이크 새비지 · 알렌 와드 저, 김왕배 · 박세훈 역, 『자본주의도시와 근대성』, 한울, 1996.
사쿠라이 군노스케, 한상일 역, 「조선시사」, 『서울에 남겨둔 꿈』, 건국대출판부, 1993.
서지영, 『경성의 모던걸』, 여이연, 2013.
Horace N. Allen, 김원모 역, 『알렌의 일기』, 단국대 출판부, 1991.
앤소니 킹, 이무용 역, 『도시문화와 세계체제』, 시각과 언어, 1999.
이우영, 「한말 일본인 거류지의 설정과 그 역할」, 『경북대학교 논문집』 13, 1969.
이종수, 「조선시대 부산과 왜관의 음식문화 교류와 변동 분석」, 『해항도시문화교섭학』 14, 2016.
전성현, 「일제시기 부산의 중심 상점가와 도시문화」, 『역사와 경계』 92, 2014.
주영하, 『음식인문학』, 휴머니스트, 2011.
차철욱 · 양흥숙, 「개항기 부산항의 조선인과 일본인의 관계 형성」, 『한국학연구』 26, 2012.
카르네프 외, 김정화 외 역, 『내가 본 조선, 조선인』, 가야넷, 2003.
홍순권, 『근대도시와 지방권력』, 선인, 2010.
橋谷弘, 『帝國日本と植民地都市』, 吉川弘文館, 2004.

松村 明 編,『大辞林 第三版』, 三省堂編修所, 2014.

이국적인 맛, 동양의 향신료를 찾아서

가일스 밀턴, 손원재 역,『향료전쟁』, 생각의나무, 2002.
고바야시 다카시, 이진복 역,『상업의 세계사 -바닷길로 본 세계경제의 역사』, 황금가지, 2004.
마귈론 투생-사마, 이덕환 역,『먹거리의 역사』, 까치, 2002.
맛시모 몬타나리, 주경철 역,『유럽의 음식문화』, 새물결, 2001.
아니 위베르 · 클로틸드 부아베르, 노정규 역,『향신료』, 창해, 2000.
이영미,『향신료』, 김영사, 2004.
잭 터너, 정서진 역,『스파이스』, 따비, 2012.
정수일,『고대문명의 교류사』, 사계절, 2001.
정한진,『향신료 이야기』, 살림, 2006.
장-마리 펠트, 김중현 역,『향신료의 역사』, 좋은책만들기, 2005.
하이드룬 메르클레, 신혜원 역,『식탁 위의 쾌락-부엌과 식탁을 둘러싼 맛있는 역사』, 열대림, 2005.
한상길,『향료문화의 발달사』, 신광, 2004.

마법의 양념, 고추

야마모토 노리오, 최용우 역,『페퍼로드-고추가 일으킨 식탁 혁명』, 사계절, 2017.
주영하,「고추와 매운맛-동북아시아 매운맛의 유행에 대한 연구」,『비교민속학』34, 2007.
大西拓一郎,「交易とことばの伝播」,『日本語学』37(9), 2018.
国立国語研究所,『日本言語地図4解説』, 大蔵省印刷局, 1970.
佐藤亮一,「物の伝来と名称の伝播—渡来作物をめぐって—」,『言語生活』312, 1979.
藤井茂利,『東アジア比較方言論—「甘藷」「馬鈴薯」の名称の流動—』,

近代文芸社, 2002.
山本紀夫,『トウガラシの世界史』, 中公新書, 2016.
https://ko.wikipedia.org/wiki/%EA%B3%A0%EC%B6%94
https://ja.wikipedia.org/wiki/%E5%94%90%E8%BE%9B%E5%AD%90
https://www2.ninjal.ac.jp/openhouse/2018/pdf/H3.pdf
https://dialect.korean.go.kr/dialect/

'화이트 골드' 설탕, 그 이면의 쓰라린 역사

가와기타 미노루, 장미화 역,『설탕의 세계사』, 검둥소, 2003.
마크 애론슨 · 마리나 부드호스, 설배환 역,『설탕, 세계를 바꾸다』, 좋은책만들기, 2013.
주경철,『문명과 바다』, 산처럼, 2002.
주경철,『대항해시대』, 서울대학교 출판부, 2008.
올라우다 에퀴아노, 윤철희 역,『에퀴아노의 흥미로운 이야기』, 해례원, 2013.
케네스 포메란츠 · 스티븐 토픽, 박광식 역,『설탕, 커피 그리고 폭력』, 심산, 2003.
시드니 민츠, 김문호 역,『설탕과 권력』, 지호, 1998.

커피향 속에 세계경제가 들어 있다!

김민주, "국민음료 커피의 경제적 역할", KDI 경제정보센터, 2013.10.31.
김민주,『커피 경제학』, 지훈, 2008.
마크 펜더그라스트, 정미나 역,『매혹과 잔혹의 커피사』, 을유문화사, 2013.
박영순,『커피인문학』, 인물과사상사, 2017.
신혜경, "커피하우스의 역사와 변화: 토론과 공론의 장에서 '함께 있되 혼자 있는' 공간으로", 신혜경의 커피와 경제(23), 조선일보, 2016.12.23.
우스이 류이치로, 김수경 역,『세계사를 바꾼 커피이야기』, 사람과나무사이, 2022.

탄베 유키히로, 윤선해 역, 『커피 세계사』, 황소자리, 2018.
하인리히 에두아르트 야콥, 남덕현 역, 『커피의 역사』, 자연과생태, 2013.
https://ko.wikipedia.org/wiki/커피어원(검색일자: 2022.9.10)
http://coffeetv.co.kr/article/커피로 바라본 세계 경제(검색일자: 2022.9.15)
https://yoda.wiki/wiki/Coffee_in_Japan(검색일자: 2022.9.15)

차, 향(香)을 타고 세계로 향(向)하다

김동하 외, 『차이나 키워드 100(사진과 함께 읽는)』, 시사중국어사, 2019.
이진미, 『찻잎 속의 차』, 이른아침, 2019.
이진수, 『홍차 강의(입문자를 위한 홍차의 A TO Z)』, 이른아침, 2011.
정동효 외, 『차생활문화대전』, 홍익재, 2012.
조은아, 『중국차 이야기』, 살림, 2012.
진제형, 『茶쟁이 진제형의 중국차 공부』, 이른아침, 2020.
한중인문학교류연구소, 『중국 문화 알기(14억 중국을 한 권에 담아 이해하는)』, 시사중국어사, 2020.
https://en.wikipedia.org/wiki/Yan_Emperor/(검색일자: 2022.9.30)
https://www.morimatea.com/blogs/news/what-is-the-chinese-legend-about-origin-of-tea/(검색일자: 2022.9.30)
https://baike.baidu.com/item/茶經(검색일자: 2022.8.21)
https://www.thepaper.cn/newsDetail_forward_12519564/(검색일자: 2022.9.30)
https://www.sohu.com/a/450905140_643986/(검색일자: 2022.9.30)
https://qz.com/1176962/map-how-the-word-tea-spread-over-land-and-sea-to-conquer-the-world(검색일자: 2022.10.4)
https://g.co/arts/eh5k69u1QLWVH36eA(검색일자: 2022.10.11)
https://www.douban.com/group/topic/229383196/?_i=4849331t00iN7x(검색일자: 2022.10.4)
https://baike.baidu.com/pic/皎然(검색일자: 2022.10.11)

https://ko.aliexpress.com/item/茶具(검색일자: 2022.10.11)
https://ko.wikipedia.org/wiki/文會圖(검색일자: 2022.10.11)
https://www.lelecha.com(검색일자: 2022.10.11)

찾아보기